The Genius of American Education

アメリカ教育の真髄

ローレンス・A. クレミン
[著]

中谷 彪／岡田 愛
[訳]

晃 洋 書 房

ホーレス・マン講義

　ホーレス・マン講義は、ホーレス・マン（Horace Mann, 1796-1859）の生涯を記念し、また彼のアメリカ公立学校制度への比類なき尽力を認めて、ピッツバーグ大学教育学部が三州地域学校研究協議会（the Tri-State Area School Study Council）と協力して企画したものである。ホーレス・マンの素晴しい、且つさまざまな功績は今もなお健在であり、各世代の人々に力説されるにちがいない。実際、ホーレス・マンの教育活動の偉大さを正確に評価することは困難である。彼は法律の専門職から転身し、その生涯を教育の研究と改革に捧げた。彼は他の誰よりも、「アメリカ公立学校制度の父」と呼ばれるにふさわしい。立派で見識ある知性と結びついた彼の無限の活動力は、当時の市民の関心を公立学校の改善と援助を求める要求に集中させた。彼の活動は多方面にわたっている。無償学校に対する彼の信念を再認識することと現代のすべての市民に対して無償学校の勲功を呼びかけることとが、この講義の目的とするところである。すべての人々が、アメリカのデモクラシーにおける無償公立学校制度の目的と任務を理解することがきわめて重要である。

　ホーレス・マン講義はピッツバーグ大学出版部によって、毎年、出版される。

目　次

訳 者 凡 例

1、本書は、Lawrence Arthur Cremin, *The Genius of American Education* (University of Pittsburgh Press, 1965) の全訳である。

2、注は、原著では頁下欄に付してあるが、本書では、便宜上、巻末に一括して付した。
注のなかの著者名と書名は、原則、そのまま英語表記とした。

3、原著では、書名はイタリックで示されているが、本書では『 』で示し、原書名を （ ） で付した。

4、原著の " " は「 」とし、原著のイタリックには傍点を付した。

5、原著は章名だけで、節はⅠ、Ⅱ、Ⅲ、Ⅳであった。節の見出しは、適宜、訳者が付けた。

6、人名には、初出時、名前の後に （ ） で原著の英語表記を付した。また、用語に、適宜、訳注を付した。

7、著者のクレミンの経歴や著作については「訳者解説」で記した。

第1章
民衆教育への約束

1　民衆教育の起源はプラトンに遡る

　われわれは民衆教育（popular education）を西洋史の比較的新しい現象として、つまり現代世界の先がけとなった17〜18世紀の徹底した革命と関連づけて考える傾向がある。しかし実際に、民衆教育の考えそのものは非常に古く、人間社会の本質に関するもっとも初期の体系的思索の段階にまで遡ることができる。その古典的著作は、いうまでもなくプラトン（Plato）の『国家論（*Republic*）』である。同書はかつて企てられた教育と政治に関する分析のなかで最も洞察力のあるものとして、今日まで生き残っている。つぎのようなプラトンの議論を思い起こしていただきたい。

> 「正しい生活を語るには正しい社会を語らねばならないし、また正しい社会を語るには、そうした社会を生み出し、それを維持するような教育の種類について語らねばならない。したがって、一連の教育政策を含まない正しい生活についてのビジョンはないし、反対に、あらゆる教育政策は、その中に正しい生活についてのビジョンを待っている。」

　また、プラトンが教育について語ろうとする時に、学校にそれほどの注意を払っていないことを思い起こしていただきたい。プラトンに関する限り、教育するのは地域社会（community）である。

　この言葉を使うとき、彼は、青少年の精神と人格を形成する影響

力のすべてとして、音楽、建築、演劇、絵画、詩歌、法律、スポーツを念頭においている。この洞察力こそが彼を、極端ではあるが、意味深いつぎのような提言に導かせる。もし正しい社会を建設し維持しようと望むならば、最も賢明な人々を選び、彼らに教育機関のすべてに対する完全な権限を与えなければならない、と。それゆえに、「哲人王による社会の統治」というのが彼の提言であり、この哲人王こそ史上最初の専門的教育家であった、と私は思う。

アルフレッド・ノース・ホワイトヘッド（Alfred North Whitehead）はかつて、西洋哲学のすべてはプラトンに付けられた多数の脚注に過ぎず、教育についても同じことが言えるだろうと皮肉った。プラトン以後のあらゆる著名な哲学者が教育について著述してきたが、それらはすべて、何らかの形でプラトンの洞察力に支配されてきた。また同様に、アテネ以降のあらゆる主要な政治体制は、その体制が最も重要だと考える諸価値を永久化するために青少年の訓練をしなければならなかった。

アメリカにおいて、自由社会における教育と政治の込入った結びつきを最初に明確にしたのはトマス・ジェファーソン（Thomas Jefferson）である。彼はつぎのように書いた。

> 「もしある国民が文明国家にいながら無知で自由な状態でいようと望むならば、それは、過去にも存在せず、これからもけっして存在しないであろうものを望むに等しいであろう。」[2)]

彼が州教育制度についてヴァージニア州議会に行った提案は有名である。それは、共和国のすべての自由な白人の子どもたちに3年間の公教育を提供し、その後、最も優秀な青少年たちをグラマースクールやカレッジに無償で進学させようとするものであった。ジェファーソンの計画は却下されたが、人々はジェファーソンからホーレス・マンへ、さらにジョン・デューイ（John Dewey）へと引き継

がれていく影響力の道筋を辿ることができる。そして、その道筋を
デューイまで辿るということは、好むと好まざるにかかわらず、われ
われ自身にまで行きつくことになる。

　しかしながら、この考えがデューイに到達する時、力点の微妙な
変化が見られる。このことは議論するに値する。というのは、それ
がアメリカの民衆教育論における幾つかの決定的な要素を浮かび上
がらせてくれるからである。ジェファーソンは学校教育の熱烈な信
奉者であったが、学校教育が青少年に最も教育的影響を与えるもの
だとは思いもしなかった。彼にとって、学校教育は専門的技能や基
礎的知識を準備するであろうが、一般市民を真に教育するのは新聞
や政治への参加であった。公教育は民衆の教育のほんの一部分に過
ぎず、それも比較的小さな部分に過ぎないものであった。同様のこ
とがホーレス・マンの世代についても当てはまる。マンの世代にわ
れわれの近代の州公立学校制度が確立されたが、その他にも公立図
書館や公会堂が創設され、職工協会や農業組合が創立され、１セン
ト新聞や三文小説が創刊され、今日われわれに馴みの政党が結成さ
れた。明らかに、マン自身の特別な改革運動はコモンスクール
（common school）に向けられた。彼は、コモンスクールが人類全体
の発展の鍵を握っていると信じていた。しかし、彼と同時代の人た
ちは、民衆を啓発する努力において、より多面的なものを考えてい
た。例えば1845年に、ジェームス・デ・ボウ（James De Bow）が聴
衆に対して行なったつぎのような訓戒を考えていただきたい。

　「この偉大なる国全体に知識をひろめよう。
　情報伝達の手段をふやそう。
　あらゆる掘っ建て小屋に教師を送ろう。
　すべての丘に学校やカレッジを建てよう。
　新聞に、昼夜たえまなく、着実な光の流れを注がせよう。

科学と教養を助長し、文明と機械の輝かしい影響をたえまなく普及させよう。

そうすれば、わが国の未来は開け、限りなく偉大なものとなり、他に例を見ない、比類なきものとなり、永遠にその使命を讃え、その輝かしい土地に感謝するであろう[3)]。」

この言葉は大げさではあるが、まさしく民衆を教育するという問題への接近には多様性があるということを提示している。デ・ボウらは教育の問題について、より一層多様な教育形態を記した。

デューイの世代はこれと同じ観点から出発したかもしれないが、彼らはそれに根本的な変革を加えた。われわれは20世紀に書かれた民衆教育についての最も重要な著作である『民主主義と教育（*Democracy and Education*）』の中で、その変化を確かに見ることができる。デューイは、生活のすべてが教育するということ、また意図的教育は子どもの全教育のほんの一部に過ぎないということを明らかにすることから著述を始めている。さらに彼は、家庭・商店・近隣、それに学校によって与えられる教育を含む多くの形態の意図的教育があると語っている。その限りにおいて、デューイはプラトン主義者である。

しかし、また一方で、彼は20世紀初期の進歩主義者に独特の不満を述べている。すなわち、産業主義は伝統的な家庭・商店・近隣、それに教会を破壊しつつある。それらは、もはや教育的機能を果たしていない。そこで、何か他の機関がこれらの機能を引き受けなければならない。それゆえに——この点においてデューイは、20世紀教育理論に偉大な一歩を占めているのであるが——学校がそれを引き受けなければならない、と。デューイは、同書の半分を費して、公立学校を社会それ自身の運命を定める社会の重要な機関として語っている。今や公教育は民衆の教育と同一視されるまでになって

きた。

　ところでデューイは、学校教育はせいぜい青少年たちを形成する
1つの方法に過ぎず、しかもある意味では、表面的な方法に過ぎな
いということをよく知っていた。さらに彼は、学校教育以外の教育
形態の力や影響力について、同時代の人々と同様の考えを待ってい
た。事実、彼は、1920年代のウォルター・リップマン（Walter
Lippmann）との一連の対話のなかで、世論を啓発するのに新聞が重
大な役割をもっていることを繰り返し指摘している。しかし、彼が
いつも帰着するのは、民主主義という大目的に奉仕するために最も
よく組織された機関としての学校であった。彼の結論は、アメリカ
の教育理論にとって宿命的なものであった。というのは、それは確
かに民衆の学校教育に新しい活力と高い目標をもたらしたけれども、
民衆教育担当者の視界からインフォーマルな教育諸機関を取り除い
てしまったからであった。その後、こうしたインフォーマルな教育
機関の格段の発展にともなって、民衆教育は、ゆっくりと、しかし
容赦なく、他のより無責任なものの手に移っていった。デューイは
こうした展開をほとんど予期することができなかった。しかも彼の
後の著作さえ、それらを十分に考慮に入れることはなかった。また、
彼の弟子たちも、長い間、1人の子どもを学校に通わせることを、
子どもの全教育を準備するという愚かな考えと混同し続けた。

　そうこうしているうちに、自意識の強い新しい時代の教師たちは
デューイの公式をすばやく取り入れた。そしてさらに重要なことに、
教育について素人である民衆もそれに追随した。革新主義時代の文
献を検討すれば、いかに政治的改革が教育の問題として語られるこ
とが多いかに驚かされる。黒人は民衆の学校教育を受ける権利を獲
得することによって、市民権の平等を達成しようとした。農民や労
働者は職業教育のプログラムを促進することによって、国民所得に
おける彼らの分け前を維持しようとした。人道主義者たちは公民科、

保健科、家庭科といったカリキュラムを設けることによって、貧困の問題に取り組んだ。また実業家たちは職業専門教育の範囲を拡大することによって、産業優先主義を求めた。これらの努力によって、学校の意味は根本的に変わり、学校はよりよい生活を求める闘争のまっただ中に投げ込まれることになった。[4)]

　この学校についての新しい定義づけは、近年、きびしく批判されるに至ったが、基本的に変わったわけではない。8年前、ソビエトが宇宙開発競争でわれわれに勝利した時、民衆は当時流行した気の効いた表現、それがソビエトにいるドイツ人科学者たちがアメリカにいるドイツ人科学者たちを追い越したことを証明したに過ぎないということを理解しないで、学校を批判した。スプートニク以後ほぼ10年経った今日、中等学校のカリキュラムの中でもっとも急速に発展している領域は物理でも科学でも数学でもなく、運転技能教育である。これについてはこんな議論がある。こうである。1年間に5万人もがハイウェイで死亡する。明らかに伝統的な運転技能教育は役に立たない。何か新しい機関がその責任を負わねばならない。学校がそれをやるべきだ、と。シートベルトの代わりに教科を要求するとは全く奇異な解決法であるが、これがきわめてアメリカ的なのである。私の友人の1人が好んでよく言うのだが、諸外国では深刻な社会問題が起こると反乱が起こるが、アメリカでは1つの教科が誕生する、と。

2　多様な教育の中の民衆教育

　デューイは1916年に『民主主義と教育』を出版したが、われわれは今なおその教訓に支配されている。だが『民主主義と教育』が執筆されている丁度その時に、その記述の幾つかを時代遅れなものにする1つの教育革命が現われた。それは、マスメディア、私的及び

半ば公的な各種の青年団体、さらに公立学校当局の管轄下にはない
フォーマルな教育計画の急速な発展である。日刊新聞の数は1914年
に約2500種となり、そのピークに達した。以後、その数は減少して
いるが、発行部数は着実に増加している。D. W. グリフィス（D. W.
Griffith）は多くの最新技術を導入して、1915年に『国民の創生（*The
Birth of a Nation*）』（訳注・1915年公開の無声映画。監督・脚本は D. W. グリ
フィス）を製作した。商業ラジオは、1920年に、ピッツバーグにあ
る KDKA 局の最初の定期番組から始まった。また周知のごとく、
商業テレビは第二次世界大戦直後に始められた。今日、1843の日刊
新聞と、およそ9000の週刊新聞が発刊され、テレビ局は650局以上、
ラジオ局も AM が約3860局、FM が約1340局ある。1964年に 2 万
8000冊以上の書籍が出版され、1963年には約 1 万本の映画が製作さ
れた。また、かつてウィルバー・スクラム（Wilbur Schramm）が
言ったように、人々がどの雑誌を買ってよいかわからないほど多種
多様の雑誌が出廻っており、その数が7500種あるか 1 万種あるかを
正確に言うことはむずかしい[5]。

　青年団体についていうと、第一次世界大戦前でさえ、数百万人も
の青少年が、YMCA、YWCA、ボーイ・スカウト、ガール・スカ
ウト、キャンプ・ファイヤー・ガールズの活動に参加していた。こ
れらの事業は1930年代に出現した。当時、合衆国キリスト教青年運
動（United Christian Youth Movement）が世界中でおそらく1000万人
を超える若者を集めていた。今日、地方的、国家的、国際的性格を
もった数え切れないほどの青年組織が存在している。また、公立学
校当局の管轄下にないフォーマルな教育計画はどうかといえば、わ
れわれはその範囲と教育力とをようやく理解し始めたばかりである。
ハロルド・クラーク（Harold Clark）とハロルド・スローン（Harold
Sloan）は、 8 年以上の歳月をかけて研究した結果、つぎのような幾
つかの意外な事実を発見した。すなわち、数学や自然科学の最も進

んだ教育は、アメリカのどの大学でよりも、ゼネラル電気会社やベル電話会社といった会社で行なわれているということ、軍隊は教育技術を効果的に活用する点において学校を遥かに上回っているということ、また多くの地域社会において、より多くの費用が学校内教育よりも学校外のフォーマルな教授に費やされているということ、などである[6]。

　私が言いたいのは、これらの諸機関のすべてが民衆を教育しているということであり、また現代の教育政策について真剣に討議する際には、それらを無視することはできないということである。私は、学校が無力であるとか、これらのすべての教育はどれも等しい価値のものであるとかと言っているのではない。私は、教育者と自称する者なら、あらゆる民衆教育と民衆の教育を行なっている諸機関を心に留めておくべきであると言っているだけである。

　まったく奇妙なことに、私の大学の同僚であるマーティン・ドゥーキン（Martin Dworkin）が「教育の新しい構造[7]」と呼んだところのものが持っている革命的な意味を最も完全に理解したのは、現代の独裁者たちであった。例えばゲッベルス（Goebbels）の日記には、1932年早々に、特別宣伝省を設置する問題でヒットラー（Hitler）と最初の会談をしたことが記録されている。ゲッベルスは次のように記している。

　「この考えは、民衆教育のために一省を設けるというもので、映画、ラジオ、新しい教育機関、芸術、文化それに宣伝を１つの行政部の管理下に置く。……これは巨大な計画で、その種の計画は未だかつて存在したことがない。私はすでに、この省の計画を実行に移し始めている。これは、われわれの知的・精神的基礎を確立し、また国家の機構のみならず、国民全体として掌握する目的に奉仕するためである。」

同省は、1933年 3 月、法令によって設置された。同年 9 月、ナチス（Nazis）は文化室（Kulturkammer）を設けた。同室は、新聞、ラジオ、劇場、文学、音楽、造形美術、映画を宣伝民衆教化省（Ministry of Propaganda and Public Enlightenment）の下に統轄した。言うまでもなく、学校とヒットラー・ユーゲント（Hitler Jugent）は文化室と密接につながっていた[8]。

　ソ連は、スターリン（Stalin）体制の晩年に、ナチスと非常によく似たパターンを辿った。スターリンは H. G. ウェルズ（H. G. Wells）に、教育は武器である、その効力は誰が教育を掌握し、教育が誰を対象とするかによって決まると言った、と言われている。実際、権力の座にあった時、スターリンはこの信念に基づいて行動した。国家のすべての社会的文化的機構——青年団体、産業別労働組合、農民協同組合、専門職団体、学校、新聞、ラジオ、劇場、文学、音楽、科学、レクリエーションさえ——これらすべてが、ジョージ・S. カウンツ（George S. Counts）によって『盲目の国（The Country of Blind）』（1949）の中で記述された精神統制を目的とする単一の強力な組織につくり上げられた。なるほど、状況はスターリンの死後、幾分変わったが、スターリンの努力の成果については、今日もなお、すべての人々がよく考えてみなければならない問題である。ある意味で、全体主義に関する近代的概念のすべては、基本的には20世紀におけるコミュニケーションの理論と技術が実現可能にした教育的観念であるといってよい。

3　デューイの成長概念の意味

　もちろん、民主主義も20世紀のコミュニケーションの理論と技術によって実現可能となった 1 つの教育的観念と見なすことができる。『民主主義と教育』に見られるデューイの議論を思い出していただ

きたい。彼はつぎのように述べている。

　「民主主義は単なる政治の一様式以上のものである。それは第一に、共同生活の一様式であり、連帯的な共同経験の一様式である。人々がある一つの関心を共有すれば、各人は自分自身の行動を他の人々の行動に関係づけて考えなければならなくなるし、また自分自身の行動に目標や方向を与えるために他人の行動を顧慮しなければならなくなる。このように、一つの関心を共有する人々の数がますます広い範囲に拡大していくことは、人々がこれまで自分たちの行動の完全な意味を理解するのを妨げていた階級的、人種的、国土的障壁を徐々に撤廃することを意味する。このように接触点がますます多くなり、しかもより多様になるということは、人が反応しなければならない刺激もますます多様になるということを意味している。その結果、その人の行動の変化が促されることになるのである。それらは行動への刺激が部分的である限りにおいて抑圧されたまま残る能力の解放を保証する。すなわち、それらは本来ひとまとまりでなければならないものであり、その一部の排除は他の多くの利益を失わせることになるからである。[9]」

デューイはさらに続けて、このような共有関心の範囲の拡張とともに、このような個人的能力の自由な解放はもともと意識的な努力の所産ではないと言っている。それらは、われわれが産業主義と関連づけて考える商業やコミュニケーションの様式から生じたものである。しかし、それらがひとたび動き始めると、「それらのものを維持し伸長していくには、思慮ある努力が必要となる」。したがって、社会的発展に欠くことのできない知的道徳的個性を伸長し、同時に個別的活動や共同的活動に自由に且つ十分に参加する力を養う特別な教育形態の必要性が生じてくる。

　この特別な教育形態の鍵は、デューイの「成長（growth）」という概念にある。ただし、この用語は、デューイの弟子たちや批評家たちによって甚だしく誤用されてきている。デューイは、成長とは「絶え間ない拡大と、その結果として生じる新しい目的と新しい反応の形成[10]」であると述べている。したがって、彼が教育は継続的な成長過程であり、あらゆる段階で成長の能力を追加することを目的としていると主張するとき、彼は単に、教育の目的は、市民、労働者、兵士、および科学者を養成することではなく、人生を最大限に生き、視野を拡げ、目的を再構成し、これらの目的に照らして行動を修正することを決してやめない人間を作ることである、と言っているのである[11]。この成長の概念が出されたことで、民主主義は個々人がその生涯を通じてその教育を継続することを奨励される社会として定義されることになった[12]。それは見事な定義であり、その人間性の信頼と楽天主義とにおいて、1つのアメリカ的な特質であると私は思う。そして、もっと大切なことは、おそらくわれわれは歴史上初めて、そうした社会を実現する手段を掌中にしたということである。このことは、学校や大学の入学者数を増やすという問題以上に大切なことである。もちろん、このこと自体、確かに重要であるけれども、これは、利用したいと思う誰に対しても、開かれている教育機関の多様性を大きくするという問題である。

　数年前にマーガレット・ミード（Margaret Mead）は、今日の教育制度における時代遅れの点について書いた美しいエッセイの中で、円熟した教師から未熟な学生への絶対的事実や真実の垂直的伝達と、発見されたり発明されたり創造されたばかりのものの社会の各構成員への水平的伝達とを区別していた[13]。彼女は、学校は本来、知識の縦の伝達を重視すると述べている。それゆえに、急速に変化する世界においては、学校は常に廃れていく運命にある。彼女は、いま必要とされていることは、初等教育とは子どもたちが成長しつつある

社会において完全な人間となるために知っておく必要があることを教えられる教育段階であり、中等教育とは個々人の全生涯の間に習得されるより高度な教育であるというような、われわれが伝統的に抱いてきた概念を訂正することであると述べている。明らかに、初等教育は自然科学や人文諸科学における初歩的な学習と同時に、高度な学習を含んでいる。一方、中等教育は、紋切り型の学校教育のタイプのみならず、「今はまだ発展していないか、あるいは今発展しつつある職業訓練タイプ」をも含んでいる。

　彼女は、ケネディとジョンソンの統治時代に、多くの人的資源開発計画を予測し、実際それを主張したのであるが、それは注目すべき提案であった。しかしながら、それは改革への努力にもかかわらず、十分には展開されなかった。というのは、子どもたちは現代の世界において完全な人間となるために知る必要のあるものをいろいろな教育機関から学ぶという事実があるからである。子どもたちは、学校が子どもたちに決して教えたことのない多くのことを信じたり、その価値を認めたりしつつ、学校に通っているのであり、在学中も、他の諸機関から学び続けている。

　初等教育について知的に語るためには、われわれは、ミードが同論文でその語を用いている意味以上に、子どもたちの世界に広く行きわたっている知的道徳的影響力の全範囲を考察しなければならないし、またそうした考察に照らして、学校の特別な任務を評価しなければならない。繰り返して言うが、このことは、学校が伝統的で固有な任務を持っていないと言っているのではない。そうではなくて、われわれは全体的な教育状況の文脈の中で学校の任務を現実的に討論すべきであると主張しているだけである。

　デイヴィッド・リースマン（David Riesman）はかつて、学校はわれわれの文化において対抗殺影響力を働かすべきであるということ、つまり、学校は次々に起こる世論の甚しい大揺れに立ち向かうべき

であるという興味深い提案を述べたことがある。[14)] 彼の提案は、多く
の優れた点を持っているが、結局、知的な人間についての彼の定義
は、他人とは別のやり方で思考する人間ということである。しかし、
リースマンの理想は、デューイが学校を生活により近づけることに
関心を持っていたのと同じくらい確固たるものになり得た。最近の
研究によると、学校が一定の範囲の教育を行なう機関として特別に
設置されている目的は、つぎの2つである。それは、① 子どもた
ちに、彼らが支配されている事実や意見や価値の絶え間ない攻撃に
気づかせること、② 子どもたちに、彼らが見たり聞いたりするこ
とに疑問を持つよう促し、最終的には彼らが判断し、意義を評価す
るために必要な知的資源を与えること、である。

　しかしながら、こうするためには、教師たちは他の教育機関の働
きについて、今まで以上に洞察力を働かせなければならないであろ
う。ここで1965年の民放テレビ界から幾つかの短い実例を引用する
ことをお許し願いたい。例えば、われわれは NBC（National Broad-
casting Company）の土曜日の朝の番組「探険」について興味深い経
験を持っている。その番組は1962年の後半に始まったのであるが、
テレビ番組での暴力が青少年たちに及ぼす影響についての議会の調
査によれば、その番組は子どもたちにとって魅力ある知的な香りの
する番組である（もっとも、520万人の視聴者のうちの半数は大人であった
けれども）。同番組は、アルベルト・ヒップス（Albert Hibbs）という
温厚な物理学者によって指導されて、毎土曜日に、音楽から歴史、
さらに新しい数学へと範囲が拡がっていっている。また同番組は、
内容を脚色するために、あやつり人形、模型、マジック、歌、物語
それに漫画といった、考え得るあらゆる教育的工夫を用いている。
驚くまでもなく、同番組は、至るところで大変な熱狂を引き起こし
た。しかし、特に興味深いことは、非常に多くの小学校が、今や国
内の半数以上の小学校教師が NBC によって無料配布されたガイド

を用いて、金曜日の授業の一部を土曜日のテレビ番組の準備をするために充てているということである。いまや確実に、NBC は（教師教育は言うまでもなく）民衆教育という仕事をしている。そしてまた、NBC はその技術職員や製作施設を擁しているので、現在のいかなる学校よりもより一層効果的且つ効率的に一定の事物（material）を確実に教えることができる。

　「探険」という番組は直接に知識を伝えるので、その影響の大きさを評価することは比較的容易である。ここで青少年たちがテレビ番組で見ている職業モデルという、遥かに複雑な問題について考えてみたい。問題の核心は、今日、子どもたちは、彼らの祖父母たちと違って、自分たちがやりたいと思っている仕事をしている人々をめったに見ることのできない世界で育っているということである。その結果、職業の選択は幾分偶然的な事柄となり、その人固有の適性や能力とほとんど関係がない場合がしばしばである。確かに職業指導は、世紀の変わり目に、その方法に少しばかり合理性を導入して進歩した。今日、ガイダンス・カウンセラーはハイ・スクールでますます増加している。しかし、問題は、青少年たちが明けても暮れてもテレビで見る、確かで、しかも非常に説得力のある性格描写から「ガイダンス」をかなり受けつつあるということである。例えば、医師と看護婦については「ドクター・キルデア」から、ジャーナリストについては「レポーター」から、法律家については「ディフェンダー」から、兵士については「コンバット」から、教師については「ノバック先生」から、森林監視員については「ラッシー」から、ガイダンスを受けつつあるということである。青少年たちは、しばしば部分的に正確であるに過ぎないのに、劇的に人を熱中させつつある専門的職業人の生活——そして、実際、その生活様式一般——についてのイメージをテレビから受けとっている。[15]　いま一度言えば、学校の仕事は系統立てたり批評したりすることである。しか

し教師は、自分たちの生徒に真理についての解釈を提示するに当たって、テレビの大きな力を承認する時にのみ、その仕事をなすことができるのである。

　最後にわれわれは、ルイス・ハリス（Louis Harris）が最近『ニュース・ウイーク』誌で行なった主張、すなわち、現在の市民権運動は黒人市民がテレビ番組やコマーシャルから学んだ将来の見込みによって喚起されたテレビ革命であるという主張について考察しなければならない。実際、ハリスは、黒人をアメリカ生活の主流に引き込んでいるものは他のいかなる教育機関よりもテレビであると信じている。彼は1963年に、つぎのように書いている。

　　「黒人家庭の10軒のうち9軒までがテレビを持ち、白人社会を
　　理解するアンテナを突き出している。しかも、その方法は過去
　　にはなかったものである。飢えている人々のいる社会にあって
　　は、石鹸のコマーシャルでさえ、もしその環境が近代的な郊外
　　の台所であるならば、反乱の火花を散らすことができる[16]。」

これに――ニュース放送、公共事業計画、両院総会における大統領演説を通して――黒人革命の性質と緊急性における民衆の組織的な教育を加えて、われわれは世論を形成し世論に影響を及ぼす機関としてのテレビの無比の力を感じ始めている[17]。

　以上のことを認めるならば、われわれは、個人が価値、趣味それに政治や芸術における明確な態度を身につけるための実際的な過程についての信頼できる、しかも経験に基づいた知識を余りにも欠いているということが直ちに付け加えられるべきである。ジェームス・コールマン（James Coleman）とネヴィット・サンフォード（Nevitt Sanford）の最近の著書は、学校自身が為そうと試みつつあるすべてとしばしば矛盾する同胞文化の驚くべき影響力を強調している[18]。さらに、社会科学教育が生徒の態度に与える影響を取り扱った

調査研究についてのフィリップ・ヤコブ（Philip Jacob）の興味ある概要もある。それは『カレッジにおける価値の変化（*Changing Values in Colleges*）』（1957）という題名で出版されている。ヤコブは、多くのカレッジにおいて、フォーマルな教育の影響力は実態的には零であるということ、現実の影響力を振るうのは学生たち自身であるということを発見した。教授団と学生の価値がどうにか合致しているほんの僅かの教育機関においてのみ、教授たちは何らかの目に見える効果を得ているようである。大衆メディアについての文献は確実さに欠けている。ジョセフ・T. クラッパー（Joseph T. Klapper）、ポール・ラザースフェルド（Paul Lazarsfeld）、ロバート・マートン（Robert Merton）及びハイルド・T. ヒムメルウエイト（Hilde T. Himmelweit）といった調査者たちは、何人の人が何時間どんな番組を見たかとか、どんな映画を見たかとか、どんな新聞や雑誌を読んだか、をわれわれに示している[19]。しかし、これらのすべての影響という現実的な問題になると、鋭い意見の対立がある。すなわち、漫画本やテレビは文字通り青少年の非行者をつくり出すと言うフレデリック・ワーサム（Fredric Wertham）の鋭い警告から、漫画本やテレビ番組は青少年らしい攻撃に対して健全な浄化法を提供するに過ぎないと主張する彼の同僚の精神病医の愉快な反論まである。また、この他に、現代の教師は以前よりもより多くの情報を、しかも批判よりもむしろ賛成を、参加よりもむしろ不参加を、現実主義よりもむしろ空想を奨励する種類の報道を受け取りつつある生徒を取り扱っていると主張するウィルバー・スクラム（Wilbur Schramm）のより一般的な観察がある[20]。事実、われわれはあらゆる形態の教育についての組織的で学問的な研究を非常に数多く必要としている。そうした研究は、ブロンクス・サイエンス・ハイスクール（Bronx High School of Science）やスワースモア・カレッジ（Swarthmore College）のような教育機関の特別な教育力を理解したり、あるいは何故ある

青年たちがスラムの重苦しい影響力に屈服し、ある青年たちがそれらを超越するのかを理解したり、あるいはまた、「キャプテン・カンガルー」（Captain Kangaroo）のようなテレビスターや、『セブンティーン（*Seventeen*）』のような雑誌のほとんど不思議ともいえる説得性を把握することによって、われわれを今いる位置よりももっと高い位置に引き上げるであろう。このような研究に照らしてのみ、われわれは常にそのもっとも包括的で、しかも深い意味で、民衆教育について威厳をもって語ることができるであろう。

4　成長とは人間の価値と尊厳の追求

　要するに、私が今まで提案しようと試みてきたことは、現代の教育改革に固有の多くの新しい関係と問題についてである。確かなことは、現代のアメリカの子どもたちは史上比類ないほどのフォーマルな教育とインフォーマルな教育の双方を経験するであろうということである。子どもたちは、その全生活をいろいろな教室の内外で過ごすであろう。もっとも、それらの多くは教室とは呼ばれないだろうが。子どもたちは現在開発の過程にある諸施設、すなわち、就学前学習実験室、子ども芸術博物館、地域科学センター、夏の音楽キャンプ、成人レクリエーション・センター、公共テレビ網、職業訓練計画、地域研究図書館等へ出入りできるであろう。また子どもたちは、他の世代の人々の知識や芸術や経験を家庭で大いに享受するであろう。このような教育はさまざまな機関、すなわち公的・私的機関、全国的及び地方的機関、宗教的及び非宗教的機関、軍隊及び一般市民の機関によって提供されるであろう。そして、それらの機関は税金、十分の一税、授業料、財団法人の助成金、社団法人の寄付金によって維持されるであろう。

　何故これらのすべてが教育であるのか？　それらはどういう目的

に向けられているのか？　われわれが問い続けている問題で、これ以上重要な疑問はない。しかし、われわれはここ数年間、その疑問を必ずしも徹底して、しかも十分には追求してこなかった。実際どちらかといえば、教育を定義しようとする人々にいつも付きまとう「嫌な疲れの意識」というジェームス・B. コナント（James B. Conant）の挿絵の表現が示すように、われわれは故意にその疑問から目を逸らしてきたように思われる[21]。だが、その理由は理解することができる。それは、教育哲学についての近年の多くの文献が退屈な論争的なものか、偏狭な分析的なものであり、手近な課題にほとんど関連のないものであったからである。しかし、哲学的な問題は人々の無関心によっては解決しないし、また、もしアメリカ人が自分たちの向うべき方向を知らないなら、それはアメリカ人の教育における歩みを促進するのに何の役にも立たないであろう。私が民主的社会についてのデューイの定義に立ち戻る所以がここにある。われわれはプラグマティックな国民である。われわれは本質的にプラグマティックな見地から、われわれの教育計画を正当化してきた。教育は有効な経済であり、賢明な政治であり、堅固な防衛である。すなわち、教育は人格を陶冶し、人々の進歩を促し、それゆえ、人々が教育を受けている期間、彼らを労働市場から遠ざける。もちろん、この議論のすべてはもっともなものである。教育は富をつくり、向上心を高め、政治的安定を増進し、軍事的効果を高める[22]。しかし、こうした正当化は、性質上、即時的なものに過ぎない。民主的な教育計画の根本的な正当化は、個々人の生活の質を高めたり、またデューイの用語を用いるならば、個々の人間の知的道徳的美的成長を促進したりするその能力に置かれなければならない。

　さて、「成長」という隠愉それ自身は、多くの洞察力のある批評家たちが指摘してきたように、容易なものではない[23]。デューイの用法によれば、それは、成長が促進される特定の方向を示す大きな社

会の一定の価値と明確な態度とを前提としていた。また、それはい
つも、生活の日常的な仕事においてかなりの程度の合理性を示して
いた。こうした方向性がないときは、成長の観念は、進歩主義教育
運動の歴史がよく証明したように、ほとんどあらゆるものに対する
曖昧でロマンティックな弁明に容易に誤解される。ジョン・ガード
ナー（John Gardner）の『卓越（*Excellence*）』(1961) という本が大層重
要な意義をもっているのはこの点においてである、と私には思われ
る。なぜならば、同書は結局、すべての人々が成長可能であるとい
うデューイ主義派の成長観念に内在する平等主義を主張しているか
らであり、また、成長観念を民主的産業的文明の要求物に十分広く
応ずるように素質の概念と結合させているからである。ガードナー
はつぎのように書いている。

　「多くのレベルでの多くの種類の卓越を包含する概念は、人間
　の豊かないろいろな可能性と完全に一致する唯一のものであり、
　社会の至るところで高い志気を可能にする唯一のものである。
　……われわれは卓越した科学者たちと卓越した技能者たちを必
　要としている。れわれは卓越した閣僚たちと卓越した一流の教
　師たちを必要としている。われわれの社会の傾向と性質は、立
　派な功績に向けての広くて、ほとんど普遍的な努力に依存して
　いる。」

こうした見解をとれば、成長は生活のあらゆる分野で優れたものを
達成する思慮ある努力であると十分に定義されることができる。も
しわれわれがデューイ主義派の成長観念を採用し、それを民衆教育
の諸機関を査定する１つの基準として適用するならば、どうであろ
うか？　もしわれわれが各々の教育機関と教育計画を個々人がその
視野を拡張し、その感性を高め、その行動を合理化するのを助ける
程度によって判断するとしたら、どうであろうか？　その結果は、

確かに急進的なものとなるであろう。フォーマルな教育制度におい
て、学生たちが実用本位の雑学的知識を放棄して、いかに学習すべ
きかを学習することを重視する彼らの経験を優先するならば、彼ら
は卒業した後でさえも学習を続けることができるであろう。[26] フォー
マルな教育制度の外では、われわれは商業美術と娯楽の荒れ地の真
ん中に、民衆がより多くの、しかも広範なオアシスを要求するよう
に導く趣味と判断力とを養うであろう。社会全体においては、われ
われはいつの日か、個々人に不断の教育的影響力を及ぼす諸機関を
まず要求するようになるであろう。それは、われわれがすべての人
間の価値と尊厳にかかわる時、明らかに示される政策である、と私
は思う。つまるところ、教育についての慈愛深い見解がないのは、
あたかも理解力、感性、人格における成長についてのそれがないの
と同じであり、民主主義についての高貴な見解がないのは、社会の
全構成員の生涯教育に対する社会の献身がないのと同じである。

第2章
民衆教育と民衆文化

1 ジェファーソン、マン、デューイの教育思想

　私は、トマス・ジェファーソンがもつ現代的意義を常に見出している多くの人々の中の1人である。しかし、このことは、私がジェファーソンの言ったことのすべてに同意しているということではない。実際のところ、ジェファーソンが大都市は国家にとって極めて有害だと述べたのは、現代の大都市の罪深い賛美論者たちには特に理解のできないことであろう。むしろ私は、彼の著作から絶えることのない啓示を受けていると言いたい。ジェファーソンは常に、適時に、適切な方法で、適切な問題について語っていると思われる著名人のうちの1人であった。確かにこのことは、彼の教育に関する著作についても当てはまる。例えばヴァージニア大学の教育計画について、彼が有名な「ロックフィッシュ・ギャップ・レポート (Rockfish Gap Report)」の中で述べている共和主義者の学校制度の目的や目標についての主張を考えてみればよい。彼は、初等教育の目標としてつぎのように述べている。

　「すべての市民に自分の仕事を処理するのに必要な知識を与えること。
　　自分で計算したり、自分の考えや契約や取引について文書に表現し保持したりすることができるようにすること。
　　読書によって徳性や能力を高めること。

　近隣や国家に対する義務を理解させ、両者から信託された任務を的確に遂行させること。

　市民の権利を知ること。厳格かつ公正に市民の権利を行使すること。自分たちの代表となる信託者を慎重に選ぶこと。そして、その代表者の行為を勤勉に公平に判断力をもって監視すること。

　そして、一般に、自分の置かれている社会的関係のすべてを知的かつ忠実に守ること。」

さらにジェファーソンは、高等教育の目標としてつぎのように言う。

「公衆の利益と個人の幸福の実現に十分に応える政治家、立法者、裁判官を育てること。

　政治の原則や構造や国家間の交流を調整する法、自国の政府のために作られた法を明らかにし、個人の行動に対するすべての懇意的且つ不必要な束縛をなくし、他人の平等な権利を侵さない限りにおいて、行動の自由をわれわれに保障するという健全な立法精神を明らかにすること。

　農業・工業、商業の利益を調和し増進させ、政治、経済の十分な知識を授けることによって公共産業に自由な広がりを与えること。

　青少年の論理的能力を発達させ、彼らの心を広くし、徳性を養い、道徳と秩序（の指針）を定着させること。

　技術を進歩させ、かつ、健康や生活や人生の助けとなる数学や自然科学を青少年に教育すること。

　そして、一般に、他の人々に対する美徳の見本を示し、彼ら自身の幸福の見本を示すことによって、青少年に反省と正しい行為の習慣を形成すること。」

　最後に、グラマースクール——「中等教育」という言葉は、ジェ
ファーソンにとっては馴染めないものであった——の教育目的は、
一部の青少年にとっては大学への「入り口」として役立つものであ
り、また、一部の青少年には「召使や農業労働者になるよりも多く
の教育を必要とするさまざまな職業に就くための資格を得る手段」
を供給するものであった。[27]

　私は、ジェファーソンの考えを長々と引用してきたが、それは、
彼の提案は非常に新鮮で説得力があると思われるからである。彼の
提案は、平等と卓越に対する自由社会の補足的公約、すなわち、す
べての市民に最低限の教育を保障するとともに、教育を望み、資格
を得ようとする者にはより高度な教育を提供する約束を明確に含ん
でいる。ジェファーソンの提案は、当時としても稀に見る幅広い教
育目的を求めている。すなわち、そこには、広く普及した知識の恩
恵を受けて発展することになる可能性のある農業、製造業、商業、
科学・技術、そして世俗的なものや精神的なもののすべてが含まれ
ている。彼の提案は、真の教育は個人を形成し、個人が形成される
時にのみ、「他人に対する美徳の見本となり、自らの幸福の見本」
となるということを認識しており、また共和国の健康と福利を増進
することは教育に付随する責任であることを示している。

　私は、アメリカ教育史の流れの全体像をジェファーソン主義派の
理想が徐々に実現していく過程として描くことができるのではない
かと思っている。実際、それはまさにコナントが彼の興味深い小冊
子『トマス・ジェファーソンとアメリカ公教育の発達（*Thomas Jef-
ferson and the Development of American Public Education*）』（1962）の中
で既に著わしたところのものである。しかしながら、私がこの点に
ついて興味をもっているのは、150年間にわたるアメリカ教育論争
がジェファーソンの計画の中にある対立する2つの側面の間の一連
の論議として見ることができるという点である。つまり、現実主義

者対自由主義者、個人主義者対社会主義者、そして最も重要と思われるものが、選別主義者対平等主義者という対立である。ジェファーソンの賢明さは、自由社会の教育要求は完全で均衡のとれたものであると考えたところにある。しかし、不幸にも、当時もそしてその後も、学校に関する提案において、彼と同じほど公平で理解を持った人はまったくと言っていいほどいなかった。

　もちろん、マンもデューイもジェファーソン主義派の伝統をよく受け継いでいた。もっとも彼らは、それぞれの方法でその伝統を再編成しようと努めた。マンは徹底した平等主義者であった。彼は——時折、ジェファーソンに適当に言及しながら——支配者の高等普通教育よりも、むしろ知識の一般への普及の方が共和主義社会の最大の関心事となるべきであると主張してやまなかった。マンが好んで主張したことは、つぎのことであった。

　　「ある共同社会の科学や文学の繁栄は、数人のすぐれた知識人
　　が存在することではなく、むしろ十分な知識を備えた人々が多
　　く存在することによって判断されるものである。[28]」

つまり彼は、公教育制度の発展におけるコモンスクールの重要性を主張したのであった。マンの主張は明らかにジャクソン派のアメリカ人に訴えるものであった。だが、われわれは、その同じジャクソン派の人々が南北戦争までの数十年間に、深い熱意をもって多くのカレッジを設立したということも心に留めて置かなければならない。

　デューイもまたジェファーソン主義派であると自認していた。[29]けれども彼は、まさにジェファーソン主義の中心である二元論の解決に彼の人生の大部分を費やした。デューイは、批判者として、また学校が民衆の全域まで行き渡らなかったことを深く憂うる民主主義者として、さらにまた個人を窒息させ、成長を阻害すると思われるお決まりの方法に深く心を悩ませるヒューマニストとして、アメリ

カ教育に登場した、ということを思い出していただきたい。しかし、デューイは、選別主義者の見地に対してジェファーソン計画の平等主義的見地を強調するマンに追随したのではなく、2つの見地を1つの公式につくり直した。しかし、それが余りに急進的なので、われわれは今もそれを適用するに至っていないのである。彼は最初、民衆教育と支配者教育との間には、ある種の質的相違があるという考え方を追い払おうと努めた。彼はつぎのように警告した。

　　「教授科目の選択に主に影響するものが、大衆のためとか、少数者の高等教育のためとか、または特別に教育ある階級の伝統のためとかというように、狭く考えられた功利主義的なものであるところでは民主主義は栄えることはできない。」

デューイは、そのような影響が大きいところでは、民衆教育は読み・書き・計算の機械的訓練となり、一方、高等教育は、「人間性一般についての最も深奥な問題との関連から生ずる啓蒙と訓練を持ちあわせない寄生的教養となる」と主張した。

　デューイは、ここで示唆された共通文化の創造は昔からずっと存続している二元論の解決、すなわち、一方における文化と他方における日常生活との間の調和を必要としていることを認めた。デューイは、文化を「意味理解の範囲とその正確さを不断に拡大する能力」と定義し、教育者の仕事は通常の人間経験に知的・道徳的・審美的意味を賦与することである、と考えた。この見地からすると、いわゆる文化的科目が文化的であるのは、それらが生活から離れているからではなくて、それらが系統立てられ、洗練された人類の英知を示しているからであった。科目は生まれながらに文化的なのではない。むしろ、ある科目は、極めて広い意味で考えられる場合に、文化的なのであった。それゆえに、本当の文化は、伝統的にそうであったよりも遥かに大きな科目のグループを含むことができ、成長

という目的を心に留めながら教授されるならば、職業科目や実用的技術さえも含むことができた[33]。

　デューイの分析にも問題がないわけではない。そこには教科間の優先順位を決定するという絶え間ない困難と、教養ある学者で創造的教育家であると同時に芸術家でもある教師を非常にたくさん得ることが必要であるという問題とがある。けれども彼の分析は、すべての人々に生涯を通じて教育を続ける可能性と、すべての経験領域においてより豊かな意味を系統的に追求する可能性とを提供する普遍的な学校教育（universal schooling）の概念に至らしめた。

　それはともかく、デューイ学派の見解は、近年、少なくとも２つのまったく異なる筋から鋭い攻撃を受けている。１つは、すべての人々のための教育は結局のところ誰のための教育でもなく、また唯一現実にこれに代わるものは、支配者になるのに必要な知的能力を持つ人物の準備に力を注ぐことであると信じる人々からである[34]。もう１つは、人間を２ないし３、４の「天賦の才能」の段階に分けて、それぞれのグループには基本的に異なる──内容的にも方法的にも異なる──カリキュラムを作成しようとする人々からである[35]。奇妙に思えることだが、後者に属する人々の中に、彼らもまた世界を支配者と従属者に分割しているという事実にかかわらず、自分たちがデューイの知的継承者であると信じている者がいることである。

　そのような方法がデューイ学派的であるかどうかはまったく別にしても、それらは明らかに思慮を欠いたものである。抜け目のなさということだけで言えば、いかなる現代工業国家もその国民のすべてに知的かつ道徳的発達の最大限の機会を提供しないわけにはいかない。しかし、そのうえに、公正の問題が存在する。民主主義的であると自認する社会ならば、これまでに考えられ言われてきた最善のものを全ての人に知らしめることを助長しない教育を施すことはできない。アーノルド・トインビー（Arnold Toynbee）は、現代は

文明の夜明け以来、初めて人類全体にかなりの量の文化的恩恵を提供することが可能な時代であると言い、さらに、それは「今や遂にわれわれの手中にある公正な行為を遂行する道徳的命令」を伴ってこそ可能となる、と述べている。[36] これより以下の目標は、いかなるものも偏狭で愛することはできないし、また窮極的には民主主義を破壊する、と私には思われる。

2　知識の人間化と大衆化

1899年に、デューイはつぎのように書いた。

「初等および中等教育にはまったくくだらない瑣末な教材が多い。われわれがそれを調査してみると、あとで忘れてもらわなければならないような、事実にあらざる事実が充満している。何故こうしたことが起こるかといえば、わが国の教育制度の『下級』部分が『上級』部分と生きた関連をなしていないからである。大学やカレッジは、理念的には、調査が不断に行なわれつつある研究の場所である。また、図書館や博物館は、過去の最善の資料が蒐集され、保存され、組織されている場所である。しかしながら、研究の精神は、ただ研究の態度を通じてのみ、ただ研究の態度をもってのみ獲得され得るものであることは、大学の場合におけるのと同じく、下級の学校の場合においても真理である。生徒は、単に瑣末なことがらではなく、彼にとって意味のある、彼の視野を拡大することがらを学ばなければならない。また彼は、50年前にそういうものだと考えられていた事柄や偏頗な教育を受けた教師の誤った理解によって興味あるものとされていることがらではなく、真理に親しみ通じるようにならなければならない。教育制度のなかの最も上級の部

分が最も初歩的な部分と完全な相互作用をもつようになっていなければ、こうした目的を達成することは困難であるように思われる。[37]」

デューイの見解は、民衆教育において実現可能な理論のいずれにも内在する重大な問題の1つを示唆している。すなわち、それは、文化を大衆化するという問題、或いは、かつてジェームス・ハーヴィ・ロビンソン（James Harvey Robinson）が述べたような、平均的人間が理解できるように知識を人間化するという問題である。[38]この問題は、過去半世紀における、いわゆる知識の爆発と緊密に結びついた問題である。科学研究の本質とより高度な専門分化を求める執拗な圧力とによって、知識は断片的で非人間的なものになる傾向にある。学者の世界はより小さな世界に分けられ、その数を増している。研究分野は分化し、さらに細分化されている。研究課題はより小さな課題に分割され、幾つかの学問分野内部のより小さなグループの特殊な関心事となっている。その結果は、C. P. スノー（C. P. Snow）が言っているように、2つの文化ではなく無数の文化である。或いは、私なりの表現で言えば、1つの文化内部の無数の細分化である。教育者の仕事は知識を再び人間化し、それを何らかの方法で再総合し再整理することによって教育可能なものにすることにある。

　知識を再人間化し再総合し再整理するというこのような仕事は、国民の学校やカレッジのための新しいカリキュラムを創造するに当たって、初期の進歩主義者たちが直面した主要な問題であったと言ってよいと私は考えている。それは、1920年にシカゴ大学やコロンビア大学で開発された有名な一般教育コース（general education course）をもたらした。また、われわれが進歩主義教育連動との関連で考えてきた社会科、語学および自然科学で、新しい初等・中等教育計画を立てることを促進した。しかし、1920年代に起こった幾

つかの出来事は、徒労に終る運命にあった。それについての話は長く複雑難解であるが、私はこれまでにも他の著作のなかで、この問題について扱ってきた。ここでは、それが１つには観念的なこと（あらかじめカリキュラムを策定することがどうも民主的なことではないという見解、或いは歴史の苦手な若者は、その時間、工作室で時間を潰すことができるという仮定）であり、いま１つには政策的なこと（新たに自意識の強い教育専門職をカレッジや大学の学究的教授達から分離するという決定）であったと言っておけば十分であろう。いずれにせよ、1928年には、早くもデューイは進歩主義教育協会向けの会長演説で、同僚の教育学者たちを批判し、彼らは建設せずに破壊し、より効果的に知識を組み立て整理する新しいカリキュラムに転換することなく伝統的なカリキュラムを放棄したと述べた[39]。このことは、第二次世界大戦後の数年間にも大いに繰り返されることになる批判であった。

　教育者と一般民衆との間に、かくのごとき興奮を生起させたごく最近のカリキュラム改革運動については、われわれのよく知っている通りである[40]。教師・学者集団は一斉に、実際上、数学や自然科学を初めとして、研究のあらゆる分野において、教授要目や教材の改訂、再編成に着手してきた。また彼らは、単純なフィルムストリップ（訳注・35ミリフィルム）からコンピューター、制御されたテレタイプ機に至るまで、多種多様の教授装置を創造力豊かに使用してきた。その運動は教育に極めて重要で新しい衝撃を与え、教員養成機関に結びつく程度に応じて現在の学校で進行しつつある装置を更新するだけでなく、将来も進行するであろうものをも持続的に更新するメカニズムを進歩させてきた。わが国の民衆学校制度の教育者たち――その中には、大部分のカレッジの教授陣をも含めたいが――は、これからも彼ら自身の知識を伸長すると同時に、各自の分野で教材を編成したり総合したりする新しい方法を考え出すために、大学センターに定期的に戻るであろうということを、私は信じて疑わ

ない。もっとも、私が言いたいのは、現在のカリキュラム改革運動は初期の進歩主義者の努力と本質的に連続しているということである。だからと言って、私は、その２つの運動についての教育学的仮説がまったく同じであると言っているのではない。デューイの『思考の方法（*How We Think*）』（1910）とブルーナー（Bruner）の『教育の過程（*Process of Education*）』（1960）との間には明白な一連の繋がりがあるけれども、相違点もまたある。さらに、新カリキュラムについて何が新しいのかを理解しようとするなら、上述のことは考慮に入れておかなければならない。[41]しかし、両方の改革努力の窮極の目的は同じである。すなわち、知識を人間化して、その知識を大衆化するということである。

　しかしながら、まさにこの理由のゆえに、もし現代の運動が最大限の効果を達成しようとするならば、多くのことがらを考慮しなければならないと私は思う。第１に、新しい改革者たちは、ブルーナーが常に引用した所説、すなわち、「どんな科目も、成長の過程に応じて、子どもにある知的で正当な形で効果的に教えることができる[42]」ということを彼らのモットーにしていることである。その原理は「レディネス」についての多くの馬鹿げた空気を一掃するのにはもってこいのものであった。というのは、ブルーナーや他の人たちが指摘してきたように、レディネスの概念はそれ自身「有害な半面真理」であるからである。何故なら、少なくともある者がレディネスを教えるといっても、そのことはほとんどそれを期待することにしかならないからである[43]。しかし、ブルーナーの原理が自由にしてきたとは言っても、それは、子どもに何を教えるべきかの決定を始めることを自由にしてきたに過ぎなかった。目的の問題を避けて通ることがあってはならない。子どもが学校で費やす時間が限られていることや、他の教育機関の影響が増大しているといったことを考慮すれば、われわれはますます執拗にスペンサー学派の指摘した

点を問わなければならない。いかなる知識が最大の価値をもつの
か？　教育上、何を優先すべきなのか？

　第2に、デューイ時代の改革者たちが知識は「心理学的に処理」
され、教授可能なものにされなければならないと仮定したのに対し、
現在の改革者たちは、知的活動はどこでも、すなわち学問の最先端
にあっても、3年生の教室においてであっても同じであると主張し
ていることである。ブルーナーは、「物理学を学ぶ生徒は物理学者
であり、彼が物理学者らしく振る舞って物理学を学ぶことは他の何
をするよりもたやすいことである」と教えている。2つの見解は共
に、意味伝達への関心を表わしている。また両者とも、ばらばらな
知識の断片を与えられるために偏見を持ってしまうような学習が余
りにも多いということを認めている。しかし、ブルーナーの見解を
もし誤って理解するならば、知識が教授目的のためには少しも訂正
される必要がないという不幸な結論へと教育者たちを容易に導くこ
とになるであろう。ますます必要とされることは、あらゆる新しい
カリキュラム計画を系統的に検証したり、それぞれの研究分野に対
して多種多様な方法で実験を繰り返したりすることである、と私に
は思われる。このような実験や検証を主張することによってのみ、
われわれは進歩主義者自身が当初反抗した形式主義と同じ形式至上
主義に簡単に転身してしまう新たな学問的形式主義を回避できるで
あろう。[44)

　第3に、上述のことと密接に関連しているのであるが、新しい改
革者たちは、教育学の問題について一貫して両面価値的であること
である。彼らは一方で、現代の過剰な教育を単調で没教育的で且つ
想像力に欠けるものとして攻撃し、また他方では、教員養成を自分
たちの計画の重要な構成部分として徹底的に強調してきた。しかし、
彼らの言う教員養成とは、入手し得るあらゆる教材を巧く活用する
術を授けるというよりは、むしろ、ある特定の一組の教材の機械的

使用の訓練であることが余りにもしばしばであった。改革者たちの中には、遂に、訓練不足の教授者による誤用を心配する必要がないほど非常に正確且つ芸術的に構成された「教師不要」の教材を作るという、向こう見ずな考え方に進んでしまった者もいたほどである。彼らを動機づけるものが何であるかを、私は知っているつもりである。つまり、進歩主義教育は高度に熟練した教師を必要とするが、そのような教師を十分な数だけ補充し維持することができなかったので、結局、失敗に終ってしまった。現在の改革者のなかには、同じ理由で過ちを繰り返すまいと堅く決心している者も何人かいる。今や、教師は技術的に優秀でなければならないということ、また改革者は彼らの教材の使用に対して注意深く詳細な方策を策定する権利のみならず義務をも有しているということは否定できない（N. L. ゲージ［N. L. Gage］は、教育学的処方箋をつくるために、ある標準的な［振り分け法］を開発するという興味深い提起を行っている）。しかし、教育は非常に重要で、しかもダイナミックな事業であるので、単なる技術者に任せられるべきではない。われわれは今や教授内容のみならず、その内容を伝達するために教師が用いている特別の方策を支えている理論をも理解した男女を養成するという極めて重大な仕事に取り掛からなければならない。すべての人々の継続的な知的、美的、および道徳的成長に取り組んでいる社会は、教えることを引き受ける人々の側にあまり余裕がない可能性がある。

　第4に、新しい改革者が計画性なしにばらばらに課題に取り組み、カリキュラム全体にほとんど関心がないという事実を避けることができないということである。このことは、1つには、大学における学問分野の構成によるものであり、結局は、新しい改革者がもたらした重大な攻撃もここに由来している。また1つには、主要な財源機関である有名な全国科学財団（The National Science Foundation）の援助方法に基づくものである。ところで、つぎのような仮説が存在

するように思われる。すなわち、カリキュラムとは、本来、その部分の総体であり、あらゆる個々の科目が再検討されれば、カリキュラム開発の仕事にも難なく取り組むことができるという仮説である。もちろん、幾つかの点において、これは確かに正当であると言えよう。あらゆる分野において専門家であるようなジェネラリスト（generalist）は存在し得ないし、また、1940年代および1950年代の学校カリキュラムにおける多くの知的弛緩はジェネラリズム（generalism）の蔓延によるものであったと私には思われるからである。しかし、たとえそうであったとしても、誰かがカリキュラム全体を眺め、優先順位と関連性についての執拗な問題を提起しなければならない。教育は、一連の単元やコース、計画以上の、素晴らしいものである。したがって、カリキュラムをその全体性において眺めることを拒否することは、最も基本的な哲学的原理を応用すべき一連の諸決定を学校内部の方針に従属させることになる。この点に関して補足的ではあるが、以下のことを付け加えておかねばならない。すなわち、いかなる個人も、この関心事に対して個別に責任を負うことはできないし、また負うべきではないが、それは確実に、将来、校長、学部長を目指す者が主導的に行う仕事となるということである。

　最後に、階級的差別についての厄介な問題がある。新しい改革者は、彼らの主たる関心がカレッジに進学する優秀な子どもにあるということで、しばしば選別主義者と呼ばれている。より一層の成功を収めた多くの改革計画は、優秀な青少年のためにより一層刺激的な教材を開発する努力から生まれてきたことは今や明白な事実である。しかしながら、私が思うには、選別主義に対する批判は大半が根拠のないものである。新しい改革者が窮極的に主張していることは、すべてのアメリカの青少年に質の高い共通文化を形成するということである。彼らは、アメリカの子どもの僅か20％が学問的コー

スから利益を得ることができ、残りの80％は職業訓練か、または、いわゆる「生活適応教育」と呼ばれているようなものを必要としているという見解を支持することを明確に拒否している。実際、彼らの本当の主張は、もしすべての子どもがいかなる形であれ、現代生活に知的に適応しようとするなら、「新数学」や「新英語」を必要とする点にある。これは、すべての子どもがまったく同一の方法で科学と人文科学を習得することができると主張することは愚かであると言っているのではない。むしろ、それは、すべての子どもが知的に正直な方法で科学と人文科学を習得できると主張することは十分に急進的であるということである。

　繰り返しになるが、この点において、新しい改革者たちは、デューイ学派と自認する他の多くの学派よりも遥かにデューイの初期の精神に近づいている。しかし、新しい改革者の最もむずかしい努力目標、すなわち真理や重大な事実に対して妥協のない、また、能力の低い、あるいは学習意欲の低い子どもにも魅力的で理解しやすいと証明されている現代的なカリキュラムを作成するという目標が、今なお彼らの眼前にあることを付け加えておかねばならない。

　H. G. ウェルズは、現代人は教育と大惨事の間の競争に巻き込まれていると主張することを好んだ。私は、競争はウェルズが考えた頃よりもずっと困難で重大なものになってきていると考えている。ジェファーソンの言う責任ある市民でありたいとする現代アメリカ人の願望は、実際、相当な重みを持つようになっている。数年前、ケネディ（Kennedy）大統領が原爆実験の禁止を提唱することで論争していた時、ジェームズ・レストン（James Reston）は、新聞のコラムで、市民にこの問題を提起した。[45] 何人かの科学者は、原爆の死の灰が何世代にもわたって、これから生まれる子どもたちに甚大な被害を与えるであろうと主張した。また同様に、有名な別の科学者は、そうした主張がひどい誇張であると主張した。ケネディはある

種の決定を下すという孤独な仕事に直面したが、レストンは彼の重荷に感謝していなかった。しかしレストンは、遅かれ早かれ平均的なアメリカ人はケネディの決定の知恵を判断しなければならないと指摘した。ジェファーソンの信仰——民主主義が根底にあるべきという信仰——は、適切な教育を受けた平均的な人が実際にそのような判断を下すことができるというものであった。ずっと以前に、その信仰を捨てた善意の人々がいる。私はそれをたまたま断言するが、信仰が教育のために設定する課題（tasks）はきわめて困難なものに他ならない、と。

3　コモンスクールと民衆教育

　デューイの教育理論の核心にある共通文化の問題は、彼のデモクラシーの理論にしっかりと結びつけられている。彼以前のマンと同様、デューイは、教育は個人の成長と発達にかかわる問題であるとはっきり認識していた。しかし、マンと同じように、彼もまた社会的統合の必要性に非常に敏感で、あらゆる階級、信条および人種による差別なく、子どもたちを小さな「胚の地域社会（embryonic communities）」に導く一種のコモンスクールの教育（common schooling）を強く主張した。このことは、彼がデモクラシーを「主に関連する生活様式」であると定義していたことを考えると、全く驚くに足らないことである。

　事実、デューイが教育の場に登場してくるまでに、コモンスクールは合衆国においてある一定の功績を収め、アメリカ国家を結合する絆を提供するものとして、国内や国外でも広く認められていた。実際、鋭い外国人観察者たちは、その現象について書き記さずにはいられなかった。例えばイギリス全国教育連盟（The English National Education League）の幹事フランシス・アダムス（Francis Adams）

は、1875年につぎのように書いている。

　「アメリカ無償学校の最も著しい特徴の1つは、そのほとんど
　無限な同化作用の力であり、またこれこそが学校のなす最大の
　仕事の1つである。学校は全国民から子どもたちを一斉に引き
　出し、彼らに国民性という刻印を押す。[46]」

また、28年後には有名なモゼリー教育委員会（Mosely Education
Commission）のメンバーであったT. L. パピロン（T. L. Papillon）は、
つぎのように観察した。

　「コモンスクールは、現に機能している学校を見れば誰もが言
　うことができるように、国民生活における偉大な統合力であり、
　常に異質の要素を持った大衆に、アメリカ市民という品質優良
　の証明の印を押す仕事に従事している。学校が他にどんなもの
　を教えるとしても、学校は愛国心と何らかの市民的義務につい
　ての知識を教える。[47]」

　さて、歴史家としての私は、コモンスクールの正確な統合力を評
価するのに、どのように取り組めばよいかをまったく知らない。し
かしながら、無視されてならないことは、コモンスクールの教育が
統合する「信念」が持つ巨大な力である。それは、1つは、階級間
の境界線を容易に越えることができ、また越えてきた公教育へある
種の政治的支持を生み出したということである。そして2つは、教
育者たちに学校をまったく異種の社会的グループに対して以前より
一層魅惑的にする努力をさせたということである。しかし、仮にそ
うだとしても、われわれは、過去におけるよりも遥かにもっとしっ
かりとコモンスクールが現れた種々の形態や、またそれがまったく
現れ損なった状況を調べる必要がある、と私は考える。

　私自身の研究では、古典的形態におけるコモンスクールは本質的

に北部と西部の現象であり、また、それはアレゲーニー山脈の西方
の片田舎や小さな町において神聖化されたという仮説に到達した。
コモンスクールは、すでに人種、階級および宗教についてまずまず
の同質性のある所や、地域社会が実質上異質のゲットーの発展を許
すほどには大きくない所で最も発展した。南部や大都市におけるよ
うに、社会的または物理的距離が大きくなるところではどこでも、
公立学校は「コモン」でなくなる傾向にあった。例えばデューイが[48]
学校についての彼の思想をすべて含んだ「未発達の地域社会」とし
て発展させつつあったまさにその時に、南部の新しく解放されたニ
グロたちは、（時々、偶発的に進歩党の支持を受けて）コモンスクールへ
の接近から制度的に締め出されつつあった。ローマ・カトリックは、[49]
すべてのカトリック教徒の子どもたちをカトリックの学校に収容す
るヒェラルキー決定に反応を示しつつあった。また、東部の大都市[50]
の上級階級は彼らの子どもたちを私立学校に通わせるか、住宅を隔
離して、コモンスクールでない公立学校を創設していた。この最後[51]
に述べた行為は、まったく面白いことに、コモンスクールの1つの
名高い異形――異なった民族的、宗教的背景をもった移民の子ども
たちを一緒に集めたスラム学校――をもたらした。よりよい公教育
を求めて、今日の中産階級が都市から脱出するのは新しい現象では
ない。50年前から、中産階級は同じ理由で「高級住宅地区」に簡単
に移り住んだ。今日との主要な相違点は、当時は「高級住宅地区」
が市の境界内に依然としてあり、併合によってすぐに市の一部とさ
れたということである。また、われわれは、思想的にはコモンス
クールの教育に対する期待が強かったということを認めるとしても、
常に激しい意見の相違が存在したということに留意する必要がある。
早くも1830年に、『全国官報文学登録（*National Gazette and Literary
Register*)』の編集者は、ペンシルヴァニア州の学校改革者たちに、
「楽しまれるかもしれない粗野な計画にもかかわらず、それとは反

対に、現実には状況の――能力の、そして知識と無知の――差異がある」ということを気付かせた。[52] 宗教的理由からのコモンスクールの教育に対する反対は広く行きわたったが、それらはローマ・カトリックからのみならず、幾つかのプロテスタントのグループからも同様に出された。その内容は異質な生徒を受け入れることによって必要となる教義上の妥協は真の教育の基礎を傷つけるというものであった。また、多くの民族的グループは――ペンシルヴァニア州のドイツ人がそのよい一例であるが――、コモンスクールは旧世界の言語や慣習の正しい認識を排除するという理由で、コモンスクールの教育に反対した。

コモンスクールにおける人種的混合に対する反対は北部や南部の両方で広く表明された。1858年にジョージア州知事ジョゼフ・E.ブラウン（Joseph E. Brown）は、「この州の最も富める親の子どもたちと最も貧しい親の子どもたちを、権利の完全なる平等という見地から、教室で一緒にしましょう。そこに貴族はなく、皮膚の色と行動との貴族がいるようにしましょう」と宣言した。[53] そして最後に、社会的或いは知的考察を含んだ種々の議論があった。自分の子どもにはどんな「クラス混合」も欲しないという人もいたし、公立学校の質の悪さを心から心配して、満足できない教育計画を改良しようと努力するよりも、むしろ子どもたちを私立学校に通わせる人々もいた。

これらの議論のすべては、今日のわれわれにとっても大変重要である。実際、それらは現代の最も御しにくい政治的問題の幾つかを発生させた。例えば、市民権闘争が教育に関係してくる時、それは主としてコモンスクール教育の理想がニグロの子どもたちに及ぶかどうかという衝突であると見られる。教育への連邦政府の援助についての主要な闘争は、長い間、宗派立学校への公的補助金の問題、つまり、ある著者がかつて『ハーバード法律評論（*Harvard Law Re-*

view)』で指摘したように、教区付属学校が援助を受けるかどうか
の問題に集中されてきた[54]。また、われわれの州議会の再分配につい
ての激しい議論は、少なくとも一部は、貧民のための都市の学校と
富裕階級のための郊外の学校との間に生じてきていた著しい不均衡
から生じている[55]。

　われわれは近年、これらの問題を合法的に議論する傾向があり、
この提案またはその提案の合憲性に何度も戻ってきた。しかし根本
的には、これらは公共政策の問題であり、それはそれとして検討さ
れ熟慮されるべきである。結局、問題となっているのはアメリカの
民衆学校の教育の社会的方向づけである、と私には思われる。それ
ゆえにわれわれは、学校が生み出そうとするアメリカについて何ら
の考えも持たずに、その方向づけについて語ることはできない。

　この点で、彼らが教育政策について持っている2つのまったく異
なった見解と態度とを熟考することは興味深いことである。第1は、
ウィル・ハーベルグ（Will Herberg）の名高い『プロテスタント・カ
トリック・ユダヤ教（*Protestant-Catholic-Jew*）』（1955）のなかに描か
れたアメリカについての叙述である。過去20年間の宗教的復興は国
教信奉からの健全な逃避を表わすというハーベルグの立場を認めた
り、彼がこの復興の必然的結果であると考える3つのアメリカニズ
ムを歓迎したりする人々は、コモンスクールに対する全面的な委託
について幾つかの鋭い疑問を提出しつつある。実際、彼らは幾つか
の「公立学校」制度の設立を提案し、それぞれを異なった宗派の保
護の下に置くことを提案する。その目的は、より多様で複雑なアメ
リカの生活である[56]。社会的同質性や異質性を生み出す学校教育の力
に関する暗黙の仮説が妥当なものであるかどうかは別として、議論
それ自身は疑いもなく公共政策に影響を及ぼしている。

　実際、われわれは多様性を増進するために公立学校教育の新しい
型を創造する必要に迫られるようになっているのか？　この問いに

対する解答は矛盾したものである。例えば、ハーベルグの見解とは反対に、ニューヨーク市における人種的、宗教的政策の研究である『人種のるつぼを越えて（*Beyond the Melting Pot*）』（1963）のなかで、ナザン・グレイザー（Nathan Glazer）とダニエル・モイニハン（Daniel Moynihan）によって示された見解がある。グレイザーとモイニハンの叙述は、大都市の政治的生活に参加したことのある人なら誰にでも理解できるのだが、異なるグループの持続する敵意と疑いについての叙述であり、緊張と衝突の解決のためにはいかなる些細な原因であれ、常にそれを一新することが求められる、というものである。この見解が容認することは、マンやデューイといった人々が提供することに大変熱心であった、かつての幾つかの共通の教育、経験の必要性を、以前よりもより大きな確信をもって承認することである（ちなみに私は、適合の危険性を最小限に抑えることなく、グレイザーとモニハンの見解の意味を受け入れることができると言っておきたい。コモンスクール教育への取り組みは、異なるグループの人々への献身を排除する必要はない。それは異なるグループの人々もコミュニティに住んでいることを認めるだけである）。

　私は、共通文化の育成は相変わらずアメリカ民衆教育の中心的課題であるということ、また、コモンスクールはこの課題を受け負う主要な機関として位置づき続けるという結論に到達する。しかし私はまた、民衆の共通の教育に対して意義深い貢献をすることができる――また貢献する――他の機関があるということ、さらに、そうした機関が提供する新しい機会を心に留めることなしに、この問題を議論することは重大な誤りであるということにも思い至る。ラジオやテレビの重要性、それらが提供する共通の経験はどんなに過大に評価してもし過ぎることはない。また、補習教育センター（supplementary education center）、共通の教科書、共有時間プログラム（shared-time program）を定めた1965年の初等中等教育法における規

定は、民衆の後援の下で、共通の教育事業を発展させる刺激的な新しい可能性を与えている。重要なことは、やはり民衆教育の全体を心に留めるということになる。

　ここで、最後の点について述べておくことが必要であろう。デューイは『民主主義と教育』のなかで、この問題を扱った。彼は、「民族国家によって管理され、しかも教育過程の全社会的目的が制限されたり、強制されたり、破壊されることがない教育制度というものが可能であろうか？」と問う。もちろん彼は、国民の忠誠を「国家の政治的境界線にかかわりなく、人々を共通目的に結合することがらへの最高の献身」に調和させるにはどうすればよいかという疑問を提起していたのである[57]。この問題は大変古くからの問題ではあるが、コミュニケーションと戦争行為が現代的形態に発展してくるとともに、新しい意味を帯びてきた。実は、国内における民主主義を腐食しているのと同じ教育への野望と結果における不均衡が国家間の民主主義をも腐食しているということであり、また確かに国境で止まる共通文化というものは現代世界においてはふさわしいはずがない。われわれが国際文化（international culture）の発展にとって欠くことのできない対話をどのように展開するかは検討課題である。ユネスコ（UNESCO）はその前身、国際連盟（The League of Nations）の知的協力機構（Intellectual Cooperation Organization）を遥かに越えているけれども、その経験もやはり種々雑多で、統一性を欠いたものに過ぎない[58]。いかなる世界の政治制度や法制度も、生き生きした国際文化の発展から離れて永く持ち堪えることができないということだけで十分であろう。戦争が人間の心に始まるものであるかどうかは別として、人間は自らの相違点を解決できる他の方法を慎重に選択することによって、人間の心の中で戦争を終わらせなければならない。

4　民衆教育と民衆文化

　つまるところ、民衆教育の場合は、文化を世俗化することなしに民主化され得るという命題に基づいている。それは、真の文化はエリートを要求するという意味での2000年にわたる西洋の知に真正面から反抗する急進的な命題である。そして、それは真に信念に基づいて受け入れられなければならない命題である。なぜなら、民主主義文化の全体的な考えは、時代の検証も耐えることができないほど新しいからである。実際、わが国において民衆の学校教育の実験を始めた人々は、その問題にほとんど悩まされることはなかった。仮にあったとしても、彼らはその計画について驚くべき無邪気な楽観主義をもっていた。1842年に、ホーレス・マンはつぎのように観察した。

　　「市民の一人に1つの新しい真実を教える州は、何がしかをする。しかし、その真実をすべての人に教えることによって、それがその有用性とその喜びをすべての市民の数に倍増させるとき、遥かに多くのことをすることになる。[59]」

以前は国王、聖職者、貴族のために留保されていた世界の知恵が、遂に一般の人々全体に利用可能になるであろう。その結果、歴史上比類のない進歩の黄金時代になることができた。もちろん、常に懐疑論者たちは存在してきた。しかし、マンおよび彼と同時代の人々によって生み出された楽観主義は、確実に進歩主義教育運動の初期の段階を通過して20世紀へと申し分なく生き続けてきた、というのが私の印象である。そして、近代主義の発生に関連して流行となった幾つかの変化が生じた。その時期をはっきりさせることは容易ではないが、それは多くの意義深い歴史的変化と密接にかかわって

1930年代を通じて生じてきたように思われる。第 1 は、前例がない
ほどの激しい経済不況が西洋社会全体をすっぽりと包み込んだこと
である。第 2 は、いわゆる大衆独裁政治（popular dictatorship）が急
速に全体主義の段階に移行し、思想統制と政治犯収容所が世界の最
も教養ある「文化的」な国々に生じつつあったことである。第 3 は、
大衆、ジャーナリズム・ラジオ・映画の生み出す結果が知識人たち
にとってますます明らかとなり、ますます苦悩を与えるようになっ
たことである。第 4 は、起こりつつある叙述が数多くの著作のなか
に現れ始めたことである。それらの中で主要なものは、ホセ・オル
テガ・イ・ガセット（Jose Ortega y Gasset）の『大衆の反乱（*The
Revolt of the Masses*）』（1932）である。そして最後は、民衆学校の制
度の指導者と知識階級の指導者との間の溝が全体として拡大し続け
たことである。私は常に、この変化を表わすものとして、つぎの
ようなことを考えている。すなわち1916年に『民主主義と教育』
を「アメリカ文明の未来に捧げられた最も素晴らしく、また、最
も実力ある知識人の成熟した知恵」であると絶賛したウォル
ター・リップマン自身が、25年後には、現代の学校についてのごま
かしとその浅薄さを痛烈に批判せざるを得ないと感じたような変化
である。[60]

　ところで、レオ・ローベンタール（Leo Lowenthal）やレイモン
ド・ウィリアムス（Raymond Williams）らが指摘したように、民衆文
化に関する悲観主義と楽観主義は、16〜17世紀の印刷された大衆文
学の発生から始まる長く並行した歴史をもっている。[61] われわれは一
般に、それが今日、結合したと考えている。恐らくは現代の悲観主
義的見解の主導的理論家であるドウェイト・マクドナルド（Dwight
Macdonald）の論議を考えてみていただきたい。マクドナルドはわれ
われにつぎのように言っている。

「1800年代初頭以降の大衆文化（Mass Culture）の発展の歴史的理由はよく知られている。政治的民主主義と民衆教育は旧上流階級の文化の独占を崩壊させた。企業は、新しく目覚めた大衆の文化的要求に有益な市場を満足させるに十分な量の本、雑誌、絵画、音楽、家具の安価な生産を可能にした。また、現代の科学技術は、大量生産と大量流通に特にうまく合致した映画やテレビといった新しいメディアを生み出した。」

マクドナルドは続けて、その結果、高度な文化と大衆文化の幾つかの要素が融合し、1つの様式に統一され、ついには利益を求めて大量生産し、その生産者の能力まで堕落させてしまう、生ぬるい、軟弱な「中間文化（midcult）」を生じさせたと述べている。「中間文化」は、本質的に、芸術的形態というよりはむしろ生産された商品であるので、それは常に下降し、安価と標準化に向かう傾向をもつ。[62]
より楽観主義的な見解をもつ人々は、民衆文化として通用しているものに対してそう批判的ではない。ギルバート・セルデス（Gilbert Seldes）を一例にあげてみても、彼の議論は、民衆文化は無条件の成功であるというのでは決してない。反対にセルデスは、他の人々と同様に、メディアによって提供された大量の安っぽいセンセーショナリズムと巧妙な画一化とについて厳しく批判してきた。[63] しかしながら、セルデスは以下の基本的な2つの観点を強調し続けている。第1に、彼はメディアの功績は多種多様であって、連続テレビドラマで視聴者を魅了する同じテレビの放送網が、シェイクスピア（Shakespeare）をもまた登場させるということを公正に指摘する。すなわち、それが書かれて以来、人々がこれまでに劇場の公演で見たよりも、より多くの人々が一夜にしてテレビで『ハムレット（Hamlet）』を見たということを思い起こすことは意味がある。[64] 現実に、すべての人々が『ハムレット』を同一水準で楽しむことはない

にしても、テレビは、多くの人々に、決してシェイクススピアを低めることなく、シェイクスピアをもたらしたのである。第2に、セルデスは、民衆文化は決して最初からセンセーショナルで卑しいものとして運命づけられているというのではないと主張している。仮に、何人かの芸術家たちが「そのシステム」と和解したとしても、すべての者がそうするわけではない。実際、何人かは、メディアによって提供された種々の機会の結果として重大な新しい仕事を生み出したのである。[65]

　最後に、私が思うことは、悲観主義者と楽観主義者との間の論争は、本質的に歴史的なものであるということである。それは、「大衆（masses）」という概念と彼らの伝統的な文化の特質に関係している。数年前、バーナード・ローゼンバーグ（Bernard Rosenberg）とデビッド・マニング・ホワイト（David Manning White）による「大衆文化（*Mass Culture*）」（1957）と題する洞察力の鋭い評論のなかで、エドワード・シュリス（Edward Shlis）はつぎのように指摘した。

　　「現代の民衆文化が大衆を堕落させたと主張する悲観主義者たちは、メディアが誕生する以前の大衆の文化についてバラ色の見解をもっている。」[66]

そこには、本質的に安っぽい大衆文化が、徐々に本質的に風雅な民族文化にとって変わったとする、しばしば暗黙のうちに了承された仮説が存在する。しかしながら、民衆文化出現以前の農・工業労働者の生活を検討してみれば、人々は、豊かな民族文化よりも、むしろ粗末で安っぽい娯楽の時間が散りばめられた退屈で単調な生活を見出すであろう。現代の連続テレビドラマは、シュリスが結論づけたように、民族音楽やシェイクスピアではなく、熊狩りや大衆演芸を引き継いだものである。

　さらに、このこと以上に「大衆（masses）」という概念そのものに

関連して考えられるべき点がある。人が、「国民（people）」或いは「公衆（public）」に対して「大衆」について語る時、その概念自体が安っぽいセンセーショナリズムや愚かなコマーシャリズムを正当化するための方策となる[67]。軽い読み物こそ大衆が望んでいるものであると主張して、大衆にそれを提供する芸術家——或いは教育者——は、彼の作品について語ろうとはしない。それゆえ、ここでわれわれは、民衆教育と民衆文化の関係に話を戻すことにしよう。もし文化というものが、デューイの言うように、「意味理解の範囲とその正確さを不断に拡大する能力」であるとするなら、民衆的なメディアは、その番組が個々の男女のこのような能力を向上させる程度によって、或いは別の表現で言えば、彼らの真の民衆文化への参加を促進する程度によって判断されなければならない。明らかにわれわれは、社会全体における教育目的の意味のみならず、メディアを操作すべく委任されている専門職への委託と、彼らが働いている社会の政治的、経済的統制へも立ち帰っている。もし大衆が好んで、テレビの窮極的な目的は石鹸やタバコ、敷物を売ることであると認めるなら、そして、もし専門家が自らの仕事を視聴者をなだめて無感覚にし、彼らに石鹸やタバコ・敷物を買わせるようにすることであると見なすならば、社会はそれに見合った文化を獲得するであろう。しかし、もし大衆が放送者の窮極的な責任は教育することであると主張するなら、もっと異なった民衆文化が結果として生じるであろう。ここで、唯一の解決方法は大衆が教育を行うすべての機関を統制することであるとするプラトンの誤った考え方に陥ることは簡単である。このようなことは、結局、まさに全体主義的社会が問題を解決する方法である。学校の内外において大衆が実際になし得ることは、優れた知的かつ美的な代案を提起することであると私には思われる。私は、そうした代案が今日彼らを魅了しているように思われる種類の楽しみから巨大な数の視聴者を即座に引き離すであ

ろうなどという幻想をまったく抱いていない。しかし、証拠は、優
れた知的かつ美的な代案が多くの人々を引き付けるであろうことを
示している。そして、自由な社会においては、その魅力が信頼でき
るすべてである。安いものは必然的に良いものを追い出すだろうと
いうマクドナルドの主張に対して、私は、嗜好を育てる方法は良い
ものを広く利用することによって安物では満足できなくなるように
することであるとする古くからの格言を提起したいと思う。結局、
民衆の教育者の役割は、良いものは熟考するために存在するという
ことを確認することである。

第3章

民衆教育の政治学

1 民衆教育と政治

　トマス・ジェファーソンの政治哲学は、2つの基本的前提に基づいている。1つは、人生の目的は個人の幸福であるということであり、もう1つは、政治の目的はその幸福を確保し増進することであるというものである。ジェファーソンの見解によれば、教育は幸福への最も確かな基礎であるので、教育は明らかに政府の第一級の任務となる。それゆえに国家は、各人が教育から利益を得ることができるところまで、万人のために教育を後援しなければならない、また国家は、その教育を「政府の最も確かで、最も合法的な手段」[69]として統制しなければならないというものである。この最後の原則は、1779年の法案に明らかに反映されている。それによると、初等学校は地方レベルで民衆の代表者によって管理され、ウィリアム・アンド・メリー・カレッジ（College of William and Mary）は州議会に対し最終的に責任を負う理事会によって運営されるという規定である。

　周知のように、ジェファーソン自身の大業績は、ヴァージニア大学（University of Virginia）の創設である。しかし、彼の普遍的教育についての原理が最もよく実現されたのは、農業中心の南都よりもむしろ商業中心の北部においてであった[70]。また、彼の計画のすべてが最終的に採用されたのは、南部の州立大学が後に中西部の新しい諸州の北都コモンスクールに結合されてからであった。もちろん、最初の実例はミシガン州であった。同州では、州の父祖たちはジェ

ファーソン流の「カトレピステミヤド（Catholepistemiad, 訳注・ミシ
ガン大学の創立期の名称。同大学は1817年にデトロイトに、Catholepistemiad:
University of Michigania の名称で創設された。）」とニューイングラン
ド・コモンスクールを単純に結合させて、いわゆる階梯制度を成立
させた。その時以来、この制度はアメリカ公教育の特色となった。

　ホーレス・マンの世代はジェファーソン流の諸原理をしっかりと
守っただけでなく、それらの諸原理を発展させた。マン自身は、教
育への援助は地方的なレベルで始められなければならないというこ
とをマサチューセッツ州の人々に気づかせるために、骨身を惜しま
なかった。地方の援助がなかったならば、ボストンからのいかほど
の懇願も効果を生じなかったであろう。しかし、マンはこのジェ
ファーソン流の金言を繰り返しながら、自らはつぎの2つの新機軸
を主張した。それは、州の諸機関が部分的な管理権を持つことと教
職の専門職化とであった。もちろん、前者は新機軸というよりも、
むしろ昔失われた特権の再主張であった。ジェファーソンの地方統
制の強調にもかかわらず、結局、彼が教育改革をなし遂げるために
努力を傾けたのはヴァージニア州議会であった。植民地時代の州議
会はすべて17～18世紀に教育の諸状況について意見を述べていた。
また、立法的統制という考えはほとんど新しいものではなかった。
事実、私の同僚の R. フリーマン・バッツ（R. Freeman Butts）は、

　　「教育は、母国イギリスの主催者たちの憲章、公有地譲渡証書
　　及び統治的規則によってアメリカ海岸に移入された政治的主権
　　の諸権限と諸権利のうちの1つである」[71]

と主張したが、私は言葉巧みであると思う。それにもかかわらず、
教育上の権限は、開拓者たちが分散して新しい地域社会が形成され
るにつれて、地方の手に委ねられる傾向にあった。マサチューセッ
ツ州においては、他の諸州におけるのと同様に、学校教育を援助す

るいろいろな地域社会の力量と、喜んで学校教育を援助したいとする気持ちとの点において、著しい相違が生じてきた。それゆえにマンは、州全域にわたる教育改革の鍵を州特権の再主張に見出したのである。

　マンの後者の新機軸は、教職の専門職化であった。これは、本来、ジェファーソンにとって問題とはならなかったと私は思う。なぜならば、1779年のジェファーソンの法案が通過しなかったからである。それゆえに、民衆学校の教師の選任と養成とに関する重要な意見を彼の著作の中で調べようとしても、むだである。他方、マンは、教師があるように学校があるというビクター・カズン（Victor Cousin）の信念を用意していた。それゆえに彼は、いかに民衆全体の関心があったとしても、マサチューセッツ州は、第一級の教師集団なしには、いかなる第一級の教育制度も持つことはないであろうと確信していた。それゆえに彼は、教育専門職の創造を促進する状況、すなわち教員の慎重な選任、十分に計画された高度な養成教育、地位と権威の増進を執拗に説いてやまなかった。もっとも彼は、その目標を達成し得なかった。というのは、1898年になっても、マサチューセッツ州の全教師の３分の１のみが師範学校を卒業しているに過ぎなかったからである。しかし、われわれがアメリカの教職の専門職化に関する最初で且つ最も説得力ある意見を探すとするならば、それはマンに求めなければならない。

　進歩主義者たちは、一方ではより一層効果的な民衆統制を、他方ではより一層効果的な教室授業を求めるという、２つの態度を追求した。民衆統制に関して、進歩主義者の立場に１つの特徴的な変化があった。それは、教育は「一部の人たち」から解放されて「国民」に返還されるべきであるという初期の見解から、「一部の人たち」が考えを表現できる民衆として理解され、彼らが政策策定において民衆の一部を代表するものと考えられるという新しい見解（私

は、この新しい見解の方がより洗練されていると思う）への変化であった。
例えば1928年に、ジョージ・S. カウンツ（George S. Counts）は『シ
カゴにおける学校と社会（*School and Society in Chicago*）』（1928）とい
う先駆者的研究をまとめた。彼は同書で、つぎのように勧告した。

　「政治から学校を隔離させるという慎重な意見に逃げ場を求め
　るよりも、むしろ、政治の真の仕事は、社会の活気ある活力が
　新しい形式や様式に流れ込む経路を用意することであるという
　仮定へ進むべきである。非常に切実な要求は、……学校をより
　基本的な社会的諸現実に応じるようにしたり、また同時に学校
　を論争的な諸要素の衝突と怒号のまっただ中で船を水平に保つ
　ことができる何らかの手段を工夫したりすることである。[72)]」

　進歩主義者たちは、より効果的な民衆統制を望んだが、同時に、
より要求にかなう教室活動をも望んだ。そのうえ彼らは、マンのよ
うに、この教室活動が真の教育専門職の発展を要求すると主張した。
さらに彼らは、民衆教育は民衆文化の諸価値を委託された独自の教
師を必要とすると堅く信じていたので、伝統的に方向づけられた学
究的諸機関とは明らかに区別された専門的な教育学部や大学院教育
学研究科を要求した。例えば1つの先導的な例をあげるならば、コ
ロンビア大学ティーチャーズ・カレッジ（Teachers College, Columbia
University）のジェームス・R. ラッセル（James R. Russell）学部長は、
ティーチャーズ・カレッジは「高度な専門的教師養成のためのコロ
ンビア大学の専門学部である」とか、大学制度におけるその地位は
「法学、医学及び応用科学の大学院に匹敵している[73)]」と指摘してや
まなかった。そのため、ティーチャーズ・カレッジは大学程度の教
育資格修了を入学の必要条件としたが、同時に、「大学の課程の文
化的訓練は、特定の専攻における専門的知識や技術の代用品ではな
く、すべての教師たちが教室における経験か専門的教育かのどちら

かによって習得しなければならない[74]」と見做していた。

　もちろん、ここにはその最初から民衆教育制度の核心であった1つの緊張状態がある。一方では、政策を策定し、方向を決定し、援助を固定する民衆の特権がある。われわれは、単に民衆の援助、民衆の影響力についてではなく、民衆統制のことを言っているのである。他方には、自分の仕事を管理し、基準を設定し、教育実践の本質を確定する教育専門職の特権がある。教師は自らが真理を理解するように教え、真理が導くところはどこでも真理に従うことに専念しているのである[75]。この緊張を理解していた故チャールズ・ビアード（Charles Beard）は、民主主義社会は学校を援助すべきであるが、学校は学校を援助するその社会を自由に批判できるようにしておかれなければならない、と度々主張した[76]。周知のように、彼は、高等学校以下の学校がどんな綿密な点においても支配的な価値を批判する真の自由を持っていることはめったになかったことを知っていた。高等学校以下の学校が持っているごく僅かの自由でさえ、大変時間をかけて獲得されてきたものである。また、われわれは、基本的な主義にかかわる時、その自由が実際にいかに当てにならないかを幾度も見てきている[77]。

　現代、民衆の特権と専門職の特権の両者を強めようとする多くの提案がある。数年前に2冊の本が全く反対の勧告をしたことによって、たいそう注目をひいた。マイロン・リーバーマン（Myron Lieberman）は、『公教育の未来（*The Future of Public Education*）』（1960）で、学校教育の展望、内容及び性格を決定する権限を持つ非常に強力な教育専門職を嘆願した。つまり、教師が教育方針においてあらゆる主要な決定を欲しいままにする時にのみ、教育における危機が解決されるであろうというのである。一方、ジェームス・B.コナントは、『子ども・親・州（*The Children, the Parents, and the State*）』（1959）において、よりよい学校を求める闘いは全国各地の一般民衆

の集団的行動によって勝利されるであろうと主張した。リーバーマンの論議が教育専門職集団に対してより魅惑的な論議であるのに対して、コナントの論議はより現実的である。もっともコナントは、『教育政策の形成 (*Shaping Educational Policy*)』(1964) において、州教育局のどっしりした力の保持と「全国教育政策計画化のための州間委員会 (Interstate Commission for Planning a Nationwide Educational Policy)」の創設とを要求したことは指摘されるべきである。しかしながら、コナントの主要な提言は常に同じものであった。すなわち、それは、本当の、しかも考えをはっきり表現できる民衆がアメリカにおける最上の民衆教育を重んじるようになる時のみ、結局、その委任が実際に理解されるであろうというものである。

2　教育行政の中央集権と地方分権

　ロールド・キャンベル (Roald Campbell) が示唆したように、アメリカ合衆国には、地方学校統制についてかなりの民間伝承がある[78]。われわれは、教育に関する事柄が憲法のどこにも言及されていないということ、実際に50の州教育制度と 3 万の地区教育制度があるということ、また公教育は事実上、地方住民の統制の最後の要塞となっていると好んで指摘する。今やこれらの陳述には偉大な真理の裏づけがある。各州は公立学校を建設して維持し、公立学校と私立学校の両方を統制し、カリキュラムや教職員や建物について一定の最低必要条件を設定し、教育の援助のために税を課し、学区を設定し、または廃止し、学区の権限を定めて規定する幅広い権限を持っている。また地方学区は税率を決め、校舎を建て、教育方針を定め、教師や行政官を雇い、概して日々の学校の運営を監督する。その結果、援助や統制に相違が生じ、アメリカの学校生活のすべての局面、

すなわち学習計画、教室の教授、野外活動、訓練及び学校と地域社会との相互関係に一定の特色が見られる。アメリカの教育について他にどんなことが言われるとしても、国内外の批評家たちによって描かれる画一の下絵というものは存在しないし、また今までも存在したことがない。

　しかし人々は、以上のことをすべて認めた上で、なお地方統制は幻想であると語ることができるであろう。というのは、現代のアメリカ教育を決定的に形づくってきた影響力は、範囲と性質において地方的なものではなく国家的なものであったからである。フォーマルな影響力のパターンを考えていただきたい。第二次世界大戦以後は、「共同防衛と一般福祉に備える」という命令の下で活動している議会が教育目的のために多額の金額を当ててきたのに応じて、連邦政府の参加が着実に増加しているということは否定できない。例えば1962年の数字に基づく研究は、連邦政府が教育と研究に１年間に約22億ドル費やしているということ、しかも、その半額が直接学校や大学に与えられつつあるということ、またこの金は12以上の連邦政府の省や局によって支払われているということを明らかにした。まったく面白いことに、同年の最大の計画は、合衆国教育局の援助下ではなく、国防省の援助下にあった。つまり国防省はより一層教育的諸活動を後援し、他の連邦政府の各省のすべての会計よりも多額の教育予算を持っていた[79]。

　確かに、この活動の幾つかは民衆学校とほとんど関係がなかった。しかし、その多くは、ことのほか、意味ある方法で民衆学校に影響を与えた。教育局（Office of Education）は職業訓練の援助、ガイダンス・カウンセラーの養成、言語実験室の開発、それに教室教師の再教育に数百万ドルを投じつつあった。「全国科学財団（The National Science Foundation）」はその「課程内容改善計画（Course Content Improvement Program）」を通して、全国の初等・中等学校の自

然科学と社会科学の再計画に助成金を支給しつつあった。また、国防省は、実際に、国家で9番目に大きな学校制度——海外の軍人の子どもたちのための学校制度——を運営しつつあった。

　われわれは概して法律を念頭においているが、実際に第二次世界大戦以後、もっとも強力に教育政策を形づくってきた連邦政府の機関は、議会ではなく、最高裁判所であった。「エバーソン（Everson）」(1948)、「マックコラム（McCollum）」(1948)、「ゾラック（Zorach）」(1952)、それに特に「ブラウン（Brown）」(1954) といった判決はアメリカ教育の性格を劇的に変えた。初めの3つの判決は、公教育と宗派経営教育の間の関係をゆっくりと修正し、最後の判決は、南部と北部の都市における公教育の組織を実質的に変えるものであった。

　最後に私は、われわれはリンドン・B・ジョンソン（Lyndon B. Johnson）大統領の立法計画の進行中において、アメリカ民衆教育の本質と目的とに影響を及ぼす大統領の無比の権力の実例を目撃しつつあるということをつけ加えるべきである。ジョンソン自身、「アメリカの子どもたちの大望が要求し、彼らの精神が吸収することができる最高級の質を伴った教育のすべて」を彼らの一人ひとりに提供した大統領として歴史に残りたい、と述べた。また彼は、第82議会への彼の提案の中で、これはくだらない抱負ではない、と表明した。[80]

　人はこれらのフォーマルな影響力について正確に述べることができる。しかし、少なくとも重要なものとして、インフォーマルな影響力がある。専門職組織、地方信用組合、慈善財団、主要な教育大学院、教科書出版社、試験プログラム、委員会報告書、審議会声明、有力な個人による分析、これらすべてが、大いに重要な連邦の影響力を発揮する。北部中央大学・中等学校協会の特別認定基準、フォード財団によって資金を供給される特別計画、大学入学試験委員会の英語テストの特別な重視、コロンビア、ハーバード、シカゴ

およびスタンフォード大学で教えられる特別手引き書、コナントの最新の報告で具体化された特別勧告、これらすべてが、全国の学校において直接的で特有な変化を引き起こす。[81]

　私がまさに言おうとしていることは、われわれは地方主義を継続させてきたけれども、同時に、われわれは多くの点で教育の連邦制度というものも発展させてきたということである。また、根本的な政治問題は、われわれが教育においてある程度の連邦政府の統制を持つかどうかということではなくて、どのようにしてこの統制が民衆に十分に、しかも敏感に行使され続けるかということである。私は、教育への連邦の影響のすべてが政治的であると示唆しているのではない。まして、私は、連邦政府レベルでのすべての教育的決定が選挙で選ばれた役人によってなされるべきであると主張しているのでもない。私はただ、われわれは教育における連邦の政策がうまく実施されつつあるということを率直に認めるということ、また、われわれは主要な問題を討論したり、その討論を民衆の精密な吟味に開放する方法を工夫したりしているということを主張しているだけである。ジョン・デューイの著書『民衆とその問題（*The Public and Its Problems*)』の中の古典的な論述から引用すれば、つぎの通りである。

　「われわれは……地方の町民会の慣習と考えとを継承している。しかし、われわれは、大陸の国民国家で生活し活動し自らの人生を送っている。われわれは非政治的な絆によって結ばれ、政治形態は拡大され、法制度はその場しのぎに取り繕われ、彼らがしなければならない仕事をするために間に合わせに作られている。[82]」

　デューイが「偉大な社会」と呼んだ公教育を統治するための政治形態を構築するためには、われわれは以下に述べるような幾つかの

ことを心に留める必要がある。第1に、中央集権的な政策策定と中央集権的な行政の間には、天と地ほどの相違があるということである。大都市の学校制度の驚くべき官僚的硬直性は、われわれが二者を混同する時、どういうことが起こるかを示している。私の議論は、われわれは連邦のレベルで教育政策を策定したり再調査する適切な方法を発展させたりする必要があるということである。そして、それらの政策の執行を地方分権にする方法を工夫することにおいても、等しく創造的である必要があるということである。[83]そうした行政の地方分権化がないとき、われわれの民衆教育制度の幾つかの貴重な遺産――民衆教育制度が奉仕する民衆に対するその親密さと敏感さ――は破壊されてしまうであろう。

　第2に、もしわれわれが学校外の新しい公教育形態の興隆を真面目に調べるならば、その時、われわれは、効果的な民衆統制が新しいマスメディア、例えばテレビやラジオに関して何を意味するかを問わなければならないということである。ここで「連邦コミュニケーション委員会（Federal Communications Commissions, FCC）」がすでに合衆国の教育政策を策定する仕事に従事していることについて述べよう。同委員会は、教育委員会の古典的責任の一部を遂行している。また、そのような場合、同委員会は、その決定をする際に、本物の教育的基準を採用すべきである。ラジオ周波帯とテレビのチャンネルに対する権利は公的な免許であるので、FCCはその最低の公共事業必要条件において遥かに厳重であるべきである。また、ラジオやテレビは潜在的に大きな教育的意義をもっているので、FCCは1950年代のフリーダ・ヘンノック（Frieda Hennock）の立派な努力の成果を進展させて、ある一定の周波帯を教育目的のために取って置くようにすべきであり、さらに、それらの周波帯の創意に富んだ活用を奨励すべきである。その上、1962年に教育テレビの開発を規定する法律を制定することによって新境地を開拓した議会は、

教育における連邦プログラムの主要な段階と見なして、その取り組みを詳しく説明し、その努力の成果を拡大していくのがよいであろう。[84)]

　最後に私は、民主主義社会は学校を援助すべきであるが、学校は学校を援助するその社会を自由に批判できるようにしておかなければならないというビアードの意見を繰り返しておきたい。民衆教育の民衆統制には、トクヴィル（Tocqueville）が「多数の専制」と呼んだ危険——考え方と理想の画一化と容認の強要や、その最も偏狭で、最も功利的な意味における社会への奉仕の強要といった危険——が常に存在している。そのような専制政治が蔓延する限り、民衆教育は教育であることを止め、最も一般的な民衆偏見の教え込みとなる。学問の自由は、そうした安上がりに対する公衆（public）の保護である。また、学問の自由は、それがただ学者に利益をもたらすだけではなくて、それを支持する社会にも利益をもたらすという理由で奨励されなければならない。もちろん、これは緊張を意味する。というのは、学問の自由があれば、いかなる教育行政官側の広報活動の努力といえども、結果として生じる考え方や理想の対立を覆い隠すことができないからである。結局、民主主義（の擁護）者は、そのような対立が一般的に真理、美および善の探究に付随するという信念によって支えられている。何よりも秩序と画一を重んじる彼の反対者（訳注・反民主主義者）は、間違いなく、より平穏で非教育的な学校を手に入れることになるであろう。

3　民衆教育と教育学部のあり方

　進歩主義者たちは、普遍的な教育は民衆の学校教育の困難な義務を果たすためにフォーマルな訓練を受けた新しい教育専門職を要求すると信じていた。さらに彼らは、教育専門職の発展は大学におい

て医学・法学及び工学といった古くからある学部と同等且つ類似した地位を有する独立した教育学部を必要とすると深く信じていた。そうした学部は「教育の科学と技術」（もっとも、それが現実の教育課程や教育計画に関して意味するものは、最初から議論のあるところである。）を取り扱うことになるであろう。またその威力は、学校における指導者の地位への接近を統制するその能力に見られるであろう。[85]

　専門教育学部（＝大学院）が全国の大学内に適切に設立された。それらは、その規模、威力、影響力において急速に成長した。事実、その興隆は20世紀の主要な教育的発展の1つである。しかし、それらは常に文理系学部（faculties of arts and sciences）からの攻撃に晒されてきたし、さらに近年、その攻撃は鋭さを増してきている。実際われわれは、それらの貢献について大規模に取り扱った学問的評価を持っていない。それに対し、それらの教育プログラムの不備を指摘することはまったく容易であり、批判家たちはそうした批判の娯楽を心ゆくまで楽しんできた。しかし、多くの欠点を持っているにもかかわらず、それらが圧倒的な民衆の無関心に抵抗して、詰め込み過ぎた教室で、しばしば不十分な施設しか持たずに、入学者のすべてを教育しようと努力している何世代もの教師たちに関わり合ってきたということは否定できない。1958年までに、ハリソン・サリスバリー（Harrison Salisbury）は、非行に関する全国的調査で、あちこちのスラム街で貧乏な子どもたちに対して真に創造性に富む仕事を行なっていると思われる大人は学校教師たちだけであるということを発見した。[86]

　しかし、教育学部の功績がどんなものであるにせよ、私は、結局のところ、医学・法学・工学との類似は有益どころか、むしろ有害であると考えたい気がする。このことは、教育職が専門職であるということを否定することではないし、専門教育学部が存在すべきであるということを否定するものでもない。むしろ、多くの大学にあ

る専門教育学部は文理学部（faculty of arts and sciences）とユニーク
な関係を保つべきことに関して述べているのであって、また、それ
には十分な理由がある。そもそも、教師の仕事のまさしく本質は、
アカデミックな学部で教えられた特定の成果を専門的な性格にして
いる。歴史の教師になろうと望む者にとって、歴史学部の歴史学者
が行なう授業は、教養的なものであると同様に、専門的なものであ
り、またアカデミズムについてのいかなる魔法をもってしても、そ
の事実を覆い隠すことはできない。これらの課程が教師志望者のた
めにある特別な方法で教えられるべきであるかどうかは議論の余地
のある問題である。——私は思いつき的であるが、特別な方法で教
えられる必要はないと考えている。というのは、私は、一般に大学
教育は、もし教授たちが自分たちは何人かの学生たちに教える準備
をしているのだという事実を深刻に受けとめているならば、おそら
くためになるであろうというデューイの考えを正しいと考えている
からである。[87] しかし、この問題に対する解答がいかなるものであれ、
文理学部の教授たちが、自らの仕事とお客（＝学生）の性格上、教
師教育に専門的に関わるということは否定できない。

　第2に、もし世紀の変わり目に、アメリカのカレッジと大学は本
質的にエリート主義を志向しているとか、伝統的な文理学部は民衆
の学校教育を任される教師の養成に不適当であるという主張があっ
たならば、その主張はとっくの昔にその正当性を失ってしまってい
るということである。第二次世界大戦後の高等教育の大衆化は、小
学校に最も高度な研究を導入する新しいカリキュラムの発達をもた
らし、以前に存在していた分裂のほとんどを消失させてきた。以前
にもまして、われわれは、合衆国において各々の学校の性格に有益
な多様性がある単線型学校制度をもっている。

　これらはすべて、ただ教育専門職の再統一のために、つまり、世
紀の変わり目に、民衆の学校制度で教える者とカレッジや大学で教

える者との間につくり出された断絶を和解させるために議論してい
るに過ぎない[88]。それは、教育の目的と手段についての真剣で、持続
性のある、学問的研究の必要性が以前よりも大きくなっているとい
うことを主張することであり、また、この研究は人文科学と自然科
学の学者たちの関心と参加によって充実させられるであろうという
ことを予言することである。それはまた、文理学部はあらゆるレベ
ルの教育の発展における自らの役割に新たな注意を払うことを必要
としていると主張することである。進歩主義者たちは、いかなる大
学といえども、知識の大衆化について真剣に考えることなしに現代
社会においてその責任を十分に果たすことはできないと主張したが、
その主張は正しかったと私は思う。1世紀ほど前に、冷静な急進的
教育学者マッシュー・アーノルド（Matthew Arnold）は、そのこと
をつぎのように述べた。

> 「偉大な文化人とは、彼が生きている時代の最良の知識と思想
> を広め、普反し、社会の隅々まで伝えようとする情熱を持った
> 人である。また彼は、荒削りで、野暮で、難解で、抽象的で、
> 専門的で、排他的であるすべてのものから知識を吸収し、それ
> を人間化し、それを教養と学識のある者の派閥の外で有効なも
> のにするために努めてきた人であり、今もなお時代の最良の知
> 識と思想と、またそれ故に、優美と明知（教養の象徴）の真の源
> 泉を維持しつづけている人である。」[89]

私は教育専門職の再統合について話してきたので、マーティン・
ドゥーキンが「新しい教育者（the new educators）」と呼んだものを
含む専門職の展開についても論じておきたい。彼の提案は、それほ
ど新しいものではない。36年前に、ジョージ・S. カウンツは、
ティーチャーズ・カレッジへ着任直後に、「教育大学院とは何か
（What Is A School of Education?）[90]」と題した興味をそそる論文を公表

した。彼は、同論文で、彼の同僚たちが教育学研究科を「ほとんどもっぱら学校教師の養成や学校の仕事の研究」に専念する機関であると考えていると批判した。そして彼は、1つの理想的な教育大学院像を描いた。それは、教員養成カレッジ（College of Teachers）、親（子関係）カレッジ（College of Parenthood）、宗教教育カレッジ（College of Religious）、ジャーナリズム・カレッジ（College of Journalism）、図書館カレッジ（College of Library）、演劇カレッジ（College of Dramatics）、展示と遠足のカレッジ（College of Exhibits and Excursions）、レクレーション・カレッジ（College of Recreation）、成人教育カレッジ（College of Adult Education）と、これらのカレッジの上に、研究と総合の研究科（Institute of Search and Synthesis）を擁するものであった。

　彼の提案は、一部分は滑稽であったが、それでも2つの方向を指摘していた。それは、教師たちは自分たちの仕事の状況についてより一層現実的な意識を発達させなければならないことを意味し、また、今なお専門職化されなければならない多くの教育的職業が存在することを示唆していた。ただ私は、カウンツが──このことについては、私も同じであるが──母親を専門職化したいと望んでいたとは思わない。しかし、われわれ2人は、学校以外の諸機関を通して教育する人々が、学校に教職員を配置する人々と同じ洞察力と理解力を備えているのを見たいと考えている。その時初めて、彼らは十分な学問の自由（academic freedom）──私はこの用語を慎重に使用する──を享受するに値し、自らを心の狭い責務から解放し、自らに敬意を払う人々の価値に敬意を払うであろう。また、その時にのみ、彼らが運営する諸機関の実績を判断するための適切な基準が開発されるであろう。

　ここに、最後の要点がある。私は教育専門職と一般民衆との関係を、民衆が最終的な法的財政的権威を有する固有の緊張関係として

描いてきた。この関係を認めるならば、教育専門職は彼自身の利益と彼が果たすサービスの両方において、民衆が教育について以前よりも一層知的に洗練された一連の意見を発展させるのを援助する義務がある、と私には思われる。この問題に関係する2冊の近刊書がすぐに思い浮かぶ。その1冊は、教育長たちが絶えず受けている圧力について論じたニール・グロス（Neal Gross）の大変魅力的な分析書であり、いま1冊はリチャード・ホーフスタッター（Richard Hofstadter）のアメリカ生活における反知性主義について述べた鋭い歴史書である。これらの研究の各々は、その独自の方法で、教育の目的と手段に関して見識ある議論がない時には、学校に対する民衆の信頼がいかに狭く、いかに限られたものであるかをわれわれに教えている。

　ある面では、教職（teaching profession）はそれ自体に責任があるだけである。私の政治学者の友人は、しばしば、ほとんどの人々は言うべきことが実際何もないので、言論の自由について関心がないと述べている。同様に、合衆国における教育指導者たちも、教育について明確な考えを持っていないために、彼らのうちで教育問題に心から夢中になっている人は余りにも少数である。また、もしわれわれが、これらの指導者たちがどのように採用され、訓練されてきたかを見るならば、われわれが期待を持ち得るようなものはほとんどない。彼らは、余りにもしばしば最も狭い意味における管理者（managers）、便利屋（facilitators）、政治屋（politicians）であった。彼らは校舎の建築、予算調整、親をなだめることに携わってきたが、教育の目的と手段について大きな公開対話を刺激してこなかった。そうした対話がない場合、民衆の大部分は、せいぜい、民衆の学校教育の理由について限られた理解しか持たなかった。

　もし教育目的という大きな問題が教師や一般民衆による知的な議論を受け入れるべきであるとするならば、われわれはこの国におい

て新しい種類の教育リーダーを養成する必要があると思う。この新
しい種類のリーダーは、明らかに、教育の本質と教育政策が作成さ
れる政治的諸過程とについて理解するのを助ける行動科学の基礎知
識を必要とするであろう。しかし、これにもまして、彼は教育とア
メリカ人の生活との関係について明確で説得力のあるビジョンを開
発することを可能にする教育の人文科学の基礎知識と歴史、哲学、
文学の基礎知識とを必要とするであろう。[92] 後者の研究は、それらの
研究の即時的な有効性が論証しにくいために、ここ数十年間、やや
批判を受けてきている。しかし、実際に重要であるのは、それらの
研究の効用である。というのは、教育家たちが学習の目的について
深く考え始める時のみ、民衆教育の政治学は単なる金銭のための競
争を乗り越え、プラトンが理想的にはそうあらねばならないと理解
したもの——よき社会への不断の到達——となるからである。

4　民衆教育と社会の進歩と改革

　アメリカの経験を回顧する時、民衆教育の力に対する市民の無限
の信仰に勝るものはない。それは共和国を創設した世代によって広
く共有された信仰であった。事実、人々は、文字通り、その信仰を
無視してアメリカ史を理解することはできない。それゆえ、アメリ
カ人はしばしば教育用語で自らの政治的抱負を表現してきた。特に
教育はずっとアメリカ人の社会進歩と社会改革の手段であった。[93] ま
た、それは広く行きわたって民衆の支持を集めてきたので、D. W.
ブローガン（D. W. Brogan）が、かつて公立学校のことをアメリカ
の「正式に設立されない国立の教会」と呼ぶように動かされた。[94]
　さて、これらすべては、近年流行らなくなった単純な楽天主義を
ある程度含んでいる。民衆の知性に対する信仰は、近ごろ、合理的
意見に対するフロイト主義者（Freudian）やマルクス主義者（Marx-

ian）の攻撃や、民主主義に対するエリート主義者の攻撃によって、きびしく制限されてきた。また無限の完成という考えは、科学の諸成果をガス室や水素爆弾を作るために使用する世界においては、ほとんど主張できないように思われる。つい先ごろ、ヘンリー・デーヴィッド・エイケン（Henry David Aiken）がデューイ主義者（Deweyan）の見解についての思慮に富んだ再評価においてつぎのように述べた。

> 「もちろん、われわれは、デューイのように、プロメテウスの子どもたちのすべてをどのように統制するかということを学習する時間と力を待っているということを空頼みしながらやっていかなければならない。しかし、われわれは、もしわれわれがただ科学や知性の方法に忠実であるならば、万事がうまくいくであろうというデューイの中期の立派な例の自信をもはや待っていない。私は少なくともこのことについては、デューイをほんの少し妬んでいる。しかし、私の妬みはまた、彼の活用の限界を私に示している。[95]」

　それなら、われわれは過ぎ去った昔の無邪気な自信を妬む状態のままであるのか？　私は、そうは考えない。私は、どんな民衆教育の計画といえども、最後にはユートピアやばかげたものに終ることなしに、頼りにしなければならない楽天主義を信奉することは可能である、と信じている。これほど限界がありながら、人間の合理性は、結局、人間の経験を理解したり処理したりする最善の手段となる。またハロルド・ラスキ（Harold Laski）がかつて民主主義について言ったように、人は、共通善は混乱しているという有効な証拠なしに、他のものの手段となる。[96]　われわれが捨てなければならないものは、教育は常に1000年間ある程度まで先導することができる、という大昔からの夢であると私は思う。1世紀半前に、ジェファーソ

ンは彼の友人のデュポン・ド・ヌムール（Du Pont De Nemours, フランスの重農主義の経済思想家・政治家）につぎのように書いた。

　「広く民衆を啓発せよ。そうすれば、肉体と精神の暴虐と抑圧は明け方の悪霊のように消滅するであろう。[97]」

もちろん、悲しむべき現実は、肉体と精神の暴虐と抑圧は、今日においてはそれらがジェファーソンの時代において消滅したようには消滅しないであろうということである。われわれが希望を持ちつづけることができるのは、人間は過去において学んだよりも、将来においてより一層知的に自分たちの問題に敢然と立ち向うことを学ぶであろう、と私には思えるからである。そして、それは確かに人類にとって進歩となるであろう。

注

1 ）「民衆教育への約束」は、1964年 7 月16日、ハーバード大学大学院教育学研究科における講演で最初に発表され、その後、*Harvard Graduate School of Education Bulletin*, IX（1964年秋）、2-6に掲載された。 3 つの論文はすべて、行動科学高等研究センター滞在中の 1 年間に執筆したものである。同センターの理事及び職員の方々の多大なる御援助、特に研究の自由と安らぎを与えて下さったことに対して深く感謝したい。

2 ） トマス・ジェファーソンからコロネル・チャールズ・ヤンシーへ（1816 年 1 月 6 日）。Paul Leicester Ford, ed., *The Writings of Thomas Jefferson*（10 vols., New York: G. P. Putnam's Sons, 1892-1899）, X, 4.

3 ） *De Bow's Review*, XVII（New Series, IV）（1854）, p. 123.

4 ） 再定義については、*The Transformation of the School : Progressivism in American Education, 1876-1957*（New York: Alfred A. Knopf, 1961）において詳細に検討している。

5 ） 統計は、*The World Almanac* for 1965, *N. W. Ayer & Son's Directory of Newspapers and Periodicals*, 1965, the *International Motion Picture Almanac* for 1965, and *Publisher's Weekly*, CLXXII（1965年 1 月 8 日）による。

6 ） Harold F. Clark and Harold S. Sloan, *Classrooms in the Factories*（Rutherford, N. J.: Institute of Research, Fairleigh Dickinson University, 1958）; *Classrooms in the Stores*（Sweet Springs Mo: Roxbury Press, 1962）; *Classrooms in the Military*（New York: Bureau of Publications, Teachers College, Columbia University, 1964）.

7 ） この言葉自体は、ドゥーキンの「教育、イデオロギー、マスコミュニケーション（Education, Ideology, and Mass Communication）」と題するコロンビア大学ティーチャーズ・カレッジで行なわれた講演のなかで、繰り返し使用されている。それは、本論文の論旨の展開に重大な影響を与える観点を反映している。1952年から1962年までの『プログレッシブ（*Progressive*）』でのドゥーキンの定期的な映画批評を参照されたい。ドゥーキンが何度も行なった映画批判——そこでの一貫したテーマは、民衆教育の形態としての映画であった——については、Teacher College Press の

Studies in Culture and Communication シリーズ、特に the Earl of Listowel, *A Critical History of Modern Aesthetics,* A. V. Judges, ed., *The Function of Teaching, and Lewis Jacobs, The Rise of the American Film* のなかで彼が書いた編者緒言を参照のこと。

8） Edward Yarnell Hartshorne, Jr., *The German Universities and National Socialism* (Cambridge, Mass.: Harvard University Press, 1937), pp. 29-31.

9） John Dewey, *Democracy and Education* (New York: The Macmillan Co., 1916), p. 101.

10） *Ibid.,* p. 206.

11） *Ibid.,* pp. 60-62, 362.

12） *Ibid.,* p. 117.

13） Margaret Mead, Thinking Ahead: Why Is Education Obsolete？ *Harvard Business Review,* XXXV（1958年11-12月）, pp. 23-30.

14） David Riesman, *Constraint and Variety in American Education* (Lincoln, Neb.: University of Nebraska Press, 1956), pp. 23-30.

15） Harris Dienstfrey, "Doctors, Lawyers & Other TV Heroes," *Commentary,* XXXV（1963）, pp. 519-524 参照。

16） *Newsweek* LXII（1963年7月29日）, p. 16.

17） 1965年3月27日付の *New York Times*（p. 44）に掲載されたリンドン・B. ジョンソンの Civil Rights Address（1965年3月15日——それは3500万世帯、7000万人の目に届いたと推定されている——）に対するジェームズ・レストンの鋭いコメント参照。

18） James Coleman, *The Adolescent Society* (New York: The Free Press of Glencoe, 1961); Nevitt Sanford, ed., *The American College* (New York: John Wiley & Sons, 1962).

19） Wilbur Schramm, ed., *The Process and Effects of Mass Communication* (Urbana, Ill.: University of Illinois Press, 1954); Joseph T. Klapper, *The Effects of Mass Communication* (New York: The Free Press of Glencoe, 1960); Lotte Bailyn, ed., "The Uses of Television," *Journal of Social Issues,* XVIII（1962）, pp. 1-61.

20） Wilbur Schramm, "Mass Media and Educational Policy," in Nelson B. Henry, ed., *Social Forces Influencing American Education* (Chicago:

University of Chicago Press, 1961), p. 209.

21)　James Bryant Conant, *The Child, the Parent, and the State* (Cambridge, Mass: Harvard University Press, 1959), p. 1.

22)　科学者たちの最近の研究が、ここでは最も有効である。例えば、Theodore W. Schultz, *The Economic Value of Education* (New York: McGraw-Hill Book Co., 1964); Gary S. Becker, *Human Capital* (New York: National Bureau of Economic Research, 1964); David G. McClelland, *The Achieving Society* (Princeton, N. J.: D. Van Nostrand Co., 1961); Gabriel A. Almond and Sidney Verba, *The Civic Culture* (Princeton, N. J.: Princeton University press, 1963) を参照されたい。

23)　Max Black, *Models and Metaphors* (Ithaca, N. Y.: Cornell University Press, 1962), 第3章; Israel Scheffler, *The Language of Education* (Springfield, Ill.: Charles G. Thomas, 1960), pp. 47-59, and "Philosophical Models of Teaching," *Harvard Educational Review,* XXXV (1965), pp. 131-143; R. S. Peters, *Education as Initiation* (London: The University of London Institute of Education, 1964) 参照。ブラックのつぎのような興味深い結論に注目されたい。

> 「疑いもなくメタファーは危険である。――そして恐らく特に哲学においてはそうである。しかし、それらの使用を禁じることは、われわれの研究能力に、勝手気ままな、かつ有害な制限を加えることになるであろう。」

24)　John Dewey, *Democracy and Education,* 第7章, John L. Childs, *Education and Morales* (New York: Appleton-Century-Crofts, 1950) 第2章。成長概念もまた人類のすぐれた英知を表わすアカデミック・ディシプリンの体系的研究を示唆した。本書の第2章第2節、特に注39) を参照のこと。また、John Dewey, *The Children and the Curriculum* (Chicago: University of Chicago Press, 1902) も参照されたい。

25)　John W. Gardner, *Excellence : Can We Be Equal and Excellent Too ?* (New York: Harper & Brothers, 1961), pp. 131-132.

26)　John Dewey, *Democracy and Education,* pp. 60-61.

27)　"Reports of the Commissioners Appointed to Fix the Site of the University of Virginia, &c." in Roy J. Honeywell, *The Educational Work of*

Thomas Jefferson (Cambridge, Mass: Harvard University Press, 1931),
pp. 248-260.

28) Horace Mann, *Lectures, and Annual Reports on Education* (Cambridge, Mass: 1867), p. 315. 本書は、メアリー・マン夫人のために出版された。

29) *The Living Thoughts of Thomas Jefferson* (New York: Longmans, Green and Co., 1940) におけるデューイの緒言を参照。

30) Dewey, *Democracy and Education,* p. 226.

31) *Ibid.,* p. 145. ホワイトヘッドの *The Aims of Education* (New York: The Macmillan Co., 1929, p. 1) における定義、すなわち、「文化とは思考の活動であり、美及び人間の感情に対する認知である」と酷似している。

32) John Dewey, *Democracy and Education,* pp. 212-216.

33) *Ibid.,* 第15章。

34) Douglas Bush, "Education for All Is Education for None," *New York Times Magazine* (1955年1月9日), pp. 13, 30-32.

35) もちろん、「生活適応教育」について言及している。例えば、United States Office of Education, Division of Secondary Education and Division of Vocational Education, *Life Adjustment Education for Every Youth* (Washington, D. C.: Federal Security Agency, Office of Education, 1951), *Commission on Life Adjustment Education for Youth, Vitalizing Secondary Education* (Washington, D. C.: Federal Security Agency, Office of Education, 1951) 参照。モーティマー・アドラーとミルトン・マイヤーは、*The Revolution in Education* のなかで、アメリカ政育の目標に関する最も現代的な立場を、3つの「もうこれ以上簡単にできない対立」として分類している。すなわち、貴族主義者対民主主義者、現実主義者対理想主義者、伝統主義者対現代主義者、の3つである。現代の貴族主義者は、その思想上の先輩と異なって、すべての人は人間として平等であることを支持しているが、かなり多くの人々が教育され得ることについては、明確にこれを否定する。彼と対立する民主主義者は、すべての人は教育可能であると主張している。しかしながら、民主主義者自体が2つの陣営に分けられる。すなわち、民主主義的現実主義者は、教育は種々の能力や職業目的をもつ青少年の要求に応じるため、特にハイ・スクール段階において分化されなければならないと主張する。これに対し、民主主義

的理想主義者は、そのような分化が必要であることをきっぱりと否定する。さらに、民主主義的理想主義者自体も2つに分かれる。彼らのなかの伝統主義者は、すべての人のための最善の教育は、今日なお、知性の啓発と嗜好の改善、人格の発達にあると主張し、また現代主義者は、職業的関心事はもはや高等普通教育から除外され得ない、と論じている。以上のような分類を批判することも可能であるが（1958年8月の *The Progressive*, XXⅡ, pp. 28-29にある私の評論を参照）、それにもかかわらず、それらの分類は有効である。例えば、われわれは、民主主義的理想主義者としてのデューイは貴族主義者と民主主義的現実主義者との双方から攻撃されている、と見ることができよう。

36)　Arnold J. Toynbee, "Conclusions," in Edward D. Myers, *Education in the Perspective of History* (New York: Harper & Brothers, 1960), p. 274.

37)　John Dewey, *School and Society* (Chicago: University of Chicago Press, 1899), pp. 92-93.

38)　James Harvey Robinson, *The Humanizing of Knowledge* (New York: George H. Doran Co., 1923). また、ホワイトヘッドが *The Aims of Education* のなかでつぎのように厳しく批判していることを思い起こしてみよ。

> 「教育においては、ただ唯一の教材が存在するのみである。すなわち、それはすべてがそのなかに示される生活である。このような単一の総合教材の代わりに、われわれが子どもたちに提供しているのは以下のようなものである。それは、そこからは何ものをも理解し得ない代数学、幾何学、科学、歴史であり、また、決して習得されない2, 3の語学である。そして最後には、すべての者が最も退屈するシェイクスピアの戯曲に代表される、実際は暗記するような用語の注釈と話の筋、登場人物の短い解説がある文学である。」(p. 10)

39)　"Progressive Education and the Science of Education," *Progressive Education*, V (1928), pp. 197-204.
　　デューイが考えた成長概念がディシプリンの組織的研究を必要とするということは、*How We Think* (Boston: D. C. Heath & Co. 1910), pp. 56-67, 135-144, 157-187; *Interest and Effort in Education* (Boston: Houghton Mifflin Co., 1913), pp. 81-84; *Experience and Education* (New York;

The Macmillan Co., 1938) における彼の議論から明白である。しかしながら、注意すべきことは、デューイはディシプリンを静かな、或るいは完成したものとしてではなく、新しい発見と経験的検証をもとに常に改訂され拡大され再構成されるものとして考えていたということである。デューイ夫妻が1896年から1903年にかけてシカゴ大学の実験学校で制度化したデューイ計画がそのことを実証している。Katherine Camp Mayhew and Anna Camp Edwards, *The Dewey School* (New York: D. Appleton-Century Co., 1936) を参照。デューイ夫妻が、1900年以降、フランシス・W. パーカー (Francis W. Parker) の学校とデューイ・スクールを統合させることを拒んだのは、1つには、彼らがカリキュラム改訂のための実験継続を主張したことからであった。

40) Robert W. Heath, ed., *The New Curricula* (New York: Harper & Row, 1964) 参照。

41) ブルーナーの研究の最も興味深い特徴の1つは――私は、その深い影響を説明しようと思う――、デューイのみならず、ホワイトヘッドからも成果を吸収している点にある。例えば、ブルーナーの「構造」、「発見の方法」という概念は、直接的にはホワイトヘッドの考え方を継承している。また、ブルーナーの「ラセン概念」は、ホワイトヘッドの「周期」「反復の枠組内部の異質性の伝播」概念と密接に関連している。チャールズ・シルバーマン (Charles Silberman) は数多くの未発表論文のなかで、いかに現代のカリキュラム改革者たちが「ホワイトヘッドに戻ろう」としているかを指摘している。

42) James S. Bruner, *The Process of Education* (Cambridge, Mass.: Harvard University Press, 1960), p. 33.

43) Jerome S. Bruner, "Education as Social Invention," *Journal of Social Issues*, X X (1964), p. 27.

44) ブルーナーの *The Process of Education* から引用。「ミッション・ディシプリンの二元性」についての適切な分析としては、Alvin M. Weinberg, "But Is the Teacher Also a Citizen?" *Science,* CXLIX (1965年8月6日), pp. 601-606を注目されたい。

45) *New York Times* (1962年3月7日), p. 34.

46) Francis Adams, *The Free School System of the United States* (London: Chapman and Hall, 1875), p. 94.

47)　*Reports of the Mosely Educational Commission to the United States of America* (London: Co-operative Printing Society, 1904), p. 250.

48)　イングランド、マンチェスターのジェイミー・フレイザー主教は、"Schools Inquiry Commissions" に対する1866年の報告書で、実際このことをつぎのように書いた。

> 「コモンスクール制度の理論によって、すべてのランクの学者たちは、その活動の領分内に入ることになっている。しかし実際に──彼らが自然に招かれることができるかどうかは、私は知らない──その理論によって解決されることはできないし、また実際問題として、社会的差別はアメリカの学校に大層著しい影響を及ぼしている。一般的にいえば、アメリカの学校には多くの中産階級、職工たち、店主たち、農民たちがいる。その制度は、田舎における思想、すなわち理論的理想に大変接近して動いている。そこでは階級は大いに均等化され、都市や町におけるよりも富める者や貧者もいない。しかし田舎においてさえ、大層ばかげた、しかも不幸な『貴族的感情』や偏見が流行し始めているということが認められなければならない。また、すべての都市において、すなわちニューヨーク、ニューヘブン、ハートフォード、プロヴィデンス、それにボストンでさえ、富裕階級（事実、そうすることができる階級は彼らだけである）は、ほとんど例外なしに、自分たちの子どもたちを私立学校に通わせている。私が田舎で知り合いになった人々で、私と社会的地位と社会的感情がほぼ同じと見積る人々が、その息子や娘たちのためにコモンスクールを活用しているのを、私は一人も思い出さない。これらの市のいずれにも、われわれと同じ性格をもった多くの市にあったのと同じく、若い女性のための教養学校がある。また少年のためには私立の通学制の学校や全寮制の学校がある。彼らはカレッジに入るまで、その学校にいる。（*Report to the Commissioners Appointed by Her Majesty to Inquire into the Education Given in Schools in England Not Comprised within Her Majesty's Two Recent Commissions, and to the Commissioners Appointed by Her Majesty to Inquire into the Schools in Scotland, on the Common School System of the United States and of the Provinces of Upper and Lower Canada* [London: Her Majesty's Stationery Office,

1866]. pp. 97-100).

49)　John Hope Franklin, "Jim Crow Goes to School: The Genesis of Legal Segregation in Southern Schools," *South Atlantic Quarterly,* LVII (1959), pp. 225-235; Louis R. Harlan, *Separate and Unequal* (Chapel Hill, N. C.: University of North Carolina Press, 1958); C. Vann Woodward, *The Strange Career of Jim Crow* (New York: Oxford University Press, 1955) 参照。

50)　Neil G. McCluskey, ed., *Catholic Education in America : A Documentary History* (New York: Bureau of Publications, Teachers College, Columbia University, 1964); Daniel F. Reilley, *The School Controversy* (1891-1893) (Washington, D. C.: Catholic University of America Press, 1943).

51)　ここでの証拠は、目下のところ断片的で、しかも、しばしば矛盾している。例えば、Fraser, *Report on the Common School System,* pp. 97-100, Adams, *The Free School System of the United States,* pp. 86-95 を 参 照 のこと。興味深いのは、フレーザーとアダムスがアメリカの証拠を「発見」して、英語教育の将来に関して彼らが取っていた立場を支持する傾向があることである。

52)　*National Gazette and Literary Register* (Philadelphia) (1830年 7 月10日), p. [2].

53)　Clement Eaton, *Freedom of Thought in the Old South* (Durham, N. C.: Duke University Press, 1940), p. 74. また、Rush Welter, *Popular Education and Democratic Thought in America* (New York Columbia University Press, 1962) 第 8 章も参照されたい。

54)　*Harvard Law Review,* LX (1947), p. 800.

55)　James B. Conant, *Slums and Suburbs* (New York: McGraw-Hill Book Co., 1961).

56)　ハーベルグは、実際、そうした見解については、*America,* XCVIII (1957年11月26日), pp. 190-193 および John Cogley ed., *Religion in America* (New York: Meridian Books, 1958), pp. 118-147で述べた。宗派的教育の多様化の効果についてのハーベルグの仮説は、ローマ・カトリック自身が教区学校に向けつつある批判によって鋭く批判されている。1965年 4

月の全国カトリック教育協会定期大会の演説報告集（*New York Times,* p. 35（1965年4月21日号）, p. 31（1965年4月23日号）, p. 1, 32（1965年4月24日号））や *Newsweek,* LXV, p. 21（1965年5月3日号）掲載のエメット・ジョン・ヒューズの痛烈な論評を参照のこと。また、*The Critic* 誌における1963年12月-1964年1月、1964年10月-11月、1965年2月-3月のカトリック教育の影響についての全国世論調査センターの研究の中間報告書を参照されたい。

57) John Dewey, *Democracy and Education,* pp. 113-114.

58) I. L. Kandel, *Intellectual Cooperation ; National and International* (New York: Bureau of Publications, Teachers College, Columbia University, 1944) と Walter H. C. Laves and Charles A. Tomson, *UNESCO : Purpose, Progress, Prospects* (Bloomington, Ind.: Indiana University Press, 1957) とを比較されたい。また、David G. Scanlon, ed., *International Education : A Documentary History* (New York: Bureau of Publications, Teachers College, Columbia University, 1962); *Humanism and Education in East and West* (Paris: United Nations Educational, Scientific and Cultural Organization, 1953); Robert Ulich, ed., *Education and the Idea of Mankind* (New York: Harcourt, Brace & World, 1964) を参照。

59) Mann, *Lectures and Annual Report on Education,* p. 312.

60) Walter Lippman, "The Hope of Democracy," *New Republic,* Ⅶ (1916), p. 231 および "Education without Culture," *Commonweal,* XXXⅢ (1940-41), p. 323.

61) Leo Lowenthal, "Historical Perspectives of Popular Culture," *American Journal of Sociology,* LV (1950), pp. 323-332; Lowenthal and Marjorie Fiske, "The Debate over Art and Popular Culture in Eighteenth Century England," in Mirra Komarovsky, ed., *Common Frontiers of the Social Sciences* (Glencoe, Ⅲ.: The Free Press, 1957), pp. 33-112; Raymond Williams, *Culture and Society* (London: Chatto & Windus, 1958) および *The Long Revolution* (London: Chatto & Windus, 1961).

62) Dwight Macdonald, "A Theory of Mass Culture," *Diogenes,* No. 3 (1953年夏), pp. 1-17 および *Against the American Grain* (New York: Random House, 1962), pp. 3-75.

63) Gilbert Seldes, *The Great Audience* (New York: The Viking Press, 1950), *The Public Arts* (New York: Simon and Schuster, 1956). セルデスは、彼とマクドナルドとの差異を *The Great Audience,* pp. 250-264 で述べている。マクドナルドに対する最近の批判については、Alvin Toffler, *The Culture Consumers* (New York: St. Martin's Press, 1964) を参照のこと。また、基本的楽観主義は、*The Performing Arts Problems and Prospects* (New York: McGraw-Hill Book Co., 1965) と題して刊行された。

64) Frank Stanton, *Mass Media and Mass Culture* (New York: Columbia Broadcasting System, 1962), p. 35.

65) Seldes, *The Great Audience,* pp. 263-264. この議論のなかで、セルデスは、メディアにおける性格の変化はメッセージの本質を変化させる影響力として働くというマーシャル・マクルーハンの立場に近づいている。McLuhan, *The Gutenberg Galaxy* (Toronto: University of Toronto Press, 1962), および *Understanding Media* (New York: McGraw-Hill Book Co., 1964) 参照。

66) Edward Shils, "Daydreams and Nightmares: Reflections on the Criticism of Mass Culture," *Sewanee Review*, LXV (1957), pp. 587-608.

67) この言葉もまた、社会的・政治的汚辱のひとつとなる。David Spitz, *Patterns of Anti-Democratic Thought* (New York: The Macmillan Co., 1949) の第4章参照。

68) リチャード・リビングストン (Richard Rivingstone) は、ウォルター・カー (Walter Kerr) が、*The Decline of Pleasure* (New York: Simon and Schuster, 1962) の第7章でそうしたように、この見解を *The Rainbow Bridge* (London: Pall Mall Press, 1959) の第1章で展開させた。

69) トマス・ジェファーソンとユライア・フォレスト (Uriah Forrest) との手紙 (1787年12月31日) の中身については、Julian P. Boyd, ed., *The Papers of Thomas Jefferson* (Princeton, N. J.: Princeton University Press, 1950), XII, p. 478 および Charles Maurice Wiltse, *The Jeffersonian Tradition in American Democracy* (Chapel Hill, N. C.: University of North Carolina Press, 1935), pp. 139-144 を参照のこと。

70) しかしながら、南北戦争以前の南部が普遍的教育 (universal education) に向かってほとんど、或いは全然進展しなかったとする共通の仮説

は全く妥当ではない。Forrest David Mathews, "The Politics of Education in the Deep South: Georgia and Alabama, 1830-1860" (Unpublished doctoral thesis, Teachers College, Columbia University, 1965) 参照。

71) R. Freeman Butts, "Our Tradition of States, Rights and Education," *History of Educational Journal*, VI (1954-55), p. 213.

72) George S. Counts, *School and Society in Chicago* (New York: Harcourt, Brace & Co., 1928), pp. 353-354. 進歩主義的立場の変化については、カウンツの著書とライスの *The Public-School System of United States* (New York: The Century Co., 1893) とを比較されたい。

73) Teachers College, Columbia University, *Report of the Dean*, 1902 に付された "An Appeal for Endowment, December 1, 1902."

74) Teachers College, Columbia University, *Report of the Dean*, 1905, p. 13.

75) その緊張関係は、*American Inquisitors* (New York: The Macmillan Co. 1928) のなかで、テネシー州デイトンでのジョン・T. スコープ (John T. Scopes) の試みやイリノイ州シカゴでのウィリアム・マックアンドリュー (William McAndrew) の試みに対するウォルター・リップマンの議論において見事に描かれている。

76) ビアードは、彼が教育政策委員会のために準備した *The Unique Function of Education in American Democracy* (Washington, D. C: National Education Association, 1937) と題する研究論文のなかで、その点を主張した。また、Alexander Meiklejohn, *Education Between Two Worlds* (New York: Harper & Brothers, 1942), pp. IX, X, 3-12 を参照のこと。

77) 仮のタイトルが、*Toward a Free Society* という近刊書の草稿において、ミルトン・コンビッツ (Milton Konvitz) は、近年、一連の合衆国最高裁判所の判決、特に *Sweezy v. New Hampshire* 判決 (1957年) が、アカデミック・フリーダムを「憲法修正第1条により、完全に、等しく」与えるという趣旨であり、また、これらの判決は、公立学校教師と大学教授との間に何らの差異をつけないというものであることを指摘した。コンビッツは続けて、裁判所はまた、アカデミック・フリーダムへの学生の要求に対して、1つの理論的根拠をも与えたと述べた。すなわち、フランクフルター裁判官は Wieman v. Updegraff 判決 (1952年) のなかで、民主社会における世論は訓練され責任あるものでなければならないのであって、それ

は、市民が青少年期に、「広い心と批判的探究の習慣」を獲得する場合においてのみ訓練された責任あるものになり得る、と主張した。もちろん、アカデミック・フリーダムの定義と範囲は、1964-65年のバークレーの州立カリフォルニア大学での政治的論争に深く巻き込まれた。バークレー論争のもつ特殊な側面については、エリノール・カンガーによって、*Science*, CXLⅧ（1965年4月9日・16日号）pp. 198-202, pp. 346-349 において、最もよく論じられている。

78) Ronald F. Campbell, "The Folklore of Local School Control." *School Review*, LXⅦ (1959), pp. 1-16.

79) U. S., Congress, House, Committee on Education and Labor, *The Federal Government and Education*, 88th Congress, 1st Session, House Document, No. 159 (Washington, D. C.: U. S. Government Printing Office, 1963).

80) Address to the National Education Association (1965年7月2日), *New York Times* (1965年7月3日号) p. 8, 公立学校における人種差別待遇を終わらせようとする合衆国教育局の努力もまた、明らかに行政機構が影響を与えた例である。*New York Times* (1965年4月30日), pp. 1, 21, G. W. Foster, Jr., "Title VI: Southern Education Faces the Facts." *Saturday Review*. XLⅧ (1965年3月20日), pp. 60-61, pp. 76-79 参照。

81) 例えば、Ronald F. Campbell and Robert A. Bunnell, eds., *Nationalizing Influences on Secondary Education* (Chicago: Mid-west Administration Center, University of Chicago, 1963) を参照のこと。

82) John Dewey, *The Public and Its Problems* (New York: Henry Holt and Co., 1927), pp. 113-114.

83) 十分興味深いことに、進歩主義者たちはこのことが学校管理により一層の効率性と簡素化をもたらし、また、意志決定過程を大衆の監視により一層開かれたものにすると主張して、学校統制における集権化を強く求めた。実際、統制の集権化と分権の型行政の結合については、*TVA : Democracy on the March* (New York: Harper & Brothers, 1944) のなかで、デビット・リリエンタルが報告している TVA 経験から、今なお多くのことを学ぶことができる。

84) これらの論争の多くは、ニュートン・N. ミンドウによって、*Equal Time : The Private Broadcaster and the Public Interest* (New York:

Atheneum Publishers, 1964) のなかで率直かつ知的に論じられている。

85) Merle L. Borrowman, *The Liberal and Technical in Teacher Education* (New York: Bureau of Publications, Teachers College, Columbia University, 1956), *Teacher Education in America : A Documentary History* (New York: Teachers College Press, Teachers College, Columbia University, 1965) 参照。

86) Harrison Salisbury, *The Shook-Up Generation* (New York: Harper & Brothers, 1958), pp. 157-158.

87) John Dewey, "The Relation of Theory to Practice in Education," in Charles A. McMurry, ed., *The Third Yearbook of the National Society for the Scientific Study of Education* (Chicago: University of Chicago Press, 1904), p. 24.

88) ここでの筆者の議論は、ジェイムス・B. コナントの "A Truce Among Educators," *Teachers College Record* XLVI (1944-45), pp. 157-163 における それと類似している。

89) Matthew Arnold, *Culture & Anarchy* (New York: The Macmillan Co., 1899), pp. 38-39. 偶然にもデューイは、彼の文化の定義とアーノルドのそれとの関係を、"Culture and Culture Values," in Paul Monroe, ed., *A Cyclopedia of Education* (5 vols, New York: The Macmillan Co., 1911-1913), I, pp. 238-239において示した。

90) George S. Counts, "What Is a School of Education ?" *Teachers College Record,* XXX (1928-29), pp. 647-655.

91) Neal Gross, *Who Runs Our Schools ?* (New York: John Wiley & Sons, 1958) ; Richard Hofstadter, *Anti-intellectualism in American Life* (New York: Alfred A. Knopf, 1963).

92) 私の知っている最も関連ある議論は、Robert Ulich, *Professional Education as a Humane Study* (New York: The Macmillan Co., 1956) である。

93) そのテーマは、Rush Welter, *Popular Education and Democratic Thought in America* において展開されている。もちろん、教育が実際に政治的行為の代用であるかどうかは、常に論争の的であったことを付け加えておかねばならない。例えば1890年代、社会隣保事業 (social settlement) の批評家たちは、貧困の緩和に対する本質的に教育的アプローチ

を「伝染病に対する優雅なヴィクトリア王朝の手ぬるいやり方」(Jane Addams, *My Friend, Julia Lathrop* [New York The Macmillan Co., 1935], p. 57) と呼んだ。最近では、クリストファー・ジェンクス (Christopher Jenks) が本質的に同じ批判をリンドン・B. ジョンソンの経済発展計画に対して行った (*New Republic*, CL [1964年 3 月28日], pp. 15-18)。

94) D. W. Brogan, *The American Character* (New York: Alfred A. Knopf, 1944), p. 137.

95) *New York Review of Books*, IV (1965年 4 月22日), p. 18.

96) Harold J. Laski, "Democracy," in Edwin R. A. Seligman and Alvin Johnson, eds., *Encyclopedia of the Social Sciences* (15 vols.: New York: The Macmillan Co., 1930-1935), V, p. 77.

97) Thomas Jefferson to Pierre Samuel du Pont de Nemours (1816年 4 月24日), in Dumas Malone, ed., *Correspondence between Thomas Jefferson and Pierre Samuel du Pont de Nemours, 1798-1817* (Boston: Houghton Mifflin Co., 1930), p. 186.

付録　アイザック・L. カンデルの伝記的回想

ローレンス・A. クレミン著

I

　アイザック・レオン・カンデル（Issac Leon Kandel）と私が出会ってからの年月は短すぎました。私が最初に彼に会ったとき、彼はすでに75歳でした。そして、ニューヨーク生活の喧騒^{けんそう}の中で、私はその後、彼にたった12回しか会えませんでした。しかし、カンデルは私にとって記憶に残る人でした。カンデルは間違いなく、1930年代にティーチャーズ・カレッジの社会哲学基礎教育学科（Department of Social and Philosophical Foundations of Education）を構成した教育学の著名学者のグループの中でも、最も著名な人物の１人でした。彼は私が学生としてコロンビア大学に来た年に引退されました。彼はモーニングサイド・ハイツに住み続けていましたが、彼が大学やほとんどの同僚から知的に疎遠になっていると感じたことは周知の事実です。私が社会哲学基礎学科（Department of Social and Philo-sophical Foundations）のメンバーになった初期の頃、すなわち1949年以降、私はすぐに、現役の教授たちと名誉教授たち双方のすべての年長の教授たちを知るようになりました。しかし、どういうわけか不思議にも、私の研究は彼の研究とほとんど交錯することはなかったように思っていました。確かに、ジョージ・ベレデイ（訳注・George Bereday, 1920-1983, Professor at Teachers College, Columbia University, 1955-1983）が1955年にティーチャーズ・カレッジに着任して、比較教育学のプログラムについてカンデルの（熟慮の上になされた専

門的な）忠告を積極的に探究したので、初めてカンデルの名誉教授
職は評価以上のものになりました。当然のことですが、私が久しく
カンデルと個人的に知り合うことになったのは、ベレデイを通して
でした。

　カンデルは晩年も威厳ある方でしたが、年齢からくる病弱さは隠
せませんでした。しかし、彼の知的洞察力は影響を受けていません
でした。彼の知識は百科事典的でした。彼は、10か国語を駆使した
膨大な研究と、12か国での体系的な観察から、20世紀の教育の詳細
な研究に何時間も持ち堪えることができました。また、彼の機知は
打てば響く楽しいものでした。教育学の世界のシボレス（shibbo-
leths，訳注・ある階級・集団の、今では古くて無意味となった特有の考え方）
とくだらない冗談について、これ以上痛烈なことはありませんでし
た。私が進歩主義教育運動の歴史に着手したと彼に言ったとき、彼
は私が彼のニージャーク（knee jerk，型にはまった）の研究からの
G. スタンレー・ホール（G. Stanley Hall）の推論をカバーするために
少なくとも１章が必要であると主張しました。私が準備している講
義で彼に助けを求めたとき、彼は親切にもすぐに、その機会に、
「事前に準備された知識」に対する私の「非民主的な」性癖につい
て冷静に私に警告してくれました。また、私が私たちの学科（De-
partment）が入学と卒業の両方の要件を強化したと報告したとき、
彼は賛同してくれましたが、それは確かに学生の「抱くニーズ」を
考慮に入れる方法ではない、と皮肉を言いました。

　彼はすぐに私のカウンセラーとも友人ともなり、私が書いている
ものと私がすでに書いたものに活発な関心を示しました。批判と助
言と励ましを（その順序で）簡潔で率直に伝えるカンデル教授からの
メモが届かない月はありませんでした。私が彼から受け取った最後
の手紙の１つは典型的なものでした。すなわち彼は、初めの段落で、
私が公刊した記述の誤りを指摘し、訂正として２つの参考文献を提

案し、私のスタイルについて1つか2つの棘を思い切って述べました。どこからともなく、「何をするにしても、管理者（administrator）にならないでください」という簡単な追記がなされていました。また、彼が全会一致で全米教育アカデミー（National Academy of Education）に選出されたことを知らせる手紙への彼の電信返事を、私はどれほどよく覚えていることか。それは「光栄だ、受諾する、カンデル」でした。どんなに節約家であっても、これ以上に簡潔に答えられる大学教員はいないでしょう。

II

　カンデルは1881年1月22日、イングランドのマンチェスター出身のアブラハム・カンデルを父とし、ファニー・マナレス・カンデルを母として、ルーマニアのボトシャニで生まれました。彼はマンチェスターグラマースクールとマンチェスター大学で教育を受け、そこで文学士号を取得しました。1902年には古典で一流の優等学位を取得し、1906年に教師の卒業証書（訳注・教員免許状）とともに修士号を取得しました。彼はフィールデン・デモンストレーション・スクール（Fielden Demonstration School）でしばらくドイツ語を教えた後、修士号を取得すると、アイルランドのベルファスト（Belfast, Ireland）にある王立ベルファスト学院（Royal Academical Institute）で古典文学教師助手（assistant classical master）の地位を受け入れました。1907年の夏のヴィルヘルム・ライン（Wilhelm Rein）との研究期間により、彼はウィリアム・チャンドラー・バグリー（William Chandler Bagley）、デビッド・スネデン（David Snedden）、ジョージ・ドレイトン・ストレイヤー（George Drayton Strayer）と接触しました。彼がコロンビア大学のティーチャーズ・カレッジでさらに仕事をすることを決心したのは、これらの人々との出会いのおかげ

もあったことは疑いの余地がありません。彼は1908年の秋にティーチャーズ・カレッジに到着し、以後約40年間、そこに留まりました。

　カンデルは主にポール・モンロー（Paul Monroe）に師事し、1910年に「ドイツの小学校教師の養成（The Training of Elementary School Teachers in Germany）」に関する論文で博士号の要件を完了しました。まだ学生である間、1908年から1910年に彼は教育の歴史でコースを教え、またモンローが『教育学百科事典（*Cyclopedia of Education*）』（1908-1913）を編集するのを手伝いました。彼は1913年に講師に、1915年に准教授に任命され、その地位を8年間勤めました。一方、1914年以降、カーネギー教育振興財団（Carnegie Foundation for the Advancement of Teaching）の研究スペシャリストとして、職業教育、教師の年金、試験制度などのさまざまな問題に精通し、数多くの任務を引き受けました。

　カンデルのプロとしてのキャリアの転換点は1923年で、ティーチャーズ・カレッジが一般教育委員会（General Education Board）からの多額の助成金を受けて国際研究所（International Institute）を設立し、カンデルを同研究所の所員兼教育学教授に任命しました。そこで彼は、彼が専攻した分野の教授と研究に専念することができ、「比較教育学（Comparative Education）」、「中等教育の問題（Problems of Secondary Education）」、「ヨーロッパ教育――問題と傾向――（European Education: Problems and Tendencies）」などのコースを提供し、博士課程の大学院生を指導し、国際研究所の教育年鑑を編集することになりました。彼の着実な出版物の連続で、彼はすぐに国際的な名声を獲得し、メルボルン大学から文学博士号（Litt. D.）を、1937年にフランス名誉勲章（French Legion of Honor）を、1946年にノースカロライナ大学から法学博士号（LL. D.）を授与されました。言うまでもなく彼は、米国学術団体評議会（American Council of Learned Societies）、全米大学教授協会（American Association of University Professors)、科学・哲学・宗教に関する会議 (Conference on Science, Philosophy, and Religion)、そして後にユネスコ (UNESCO) など、多種多様な会議や組織で活躍しました。

　ティーチャーズ・カレッジでの現役からの引退は、単に重点と地域の変化を意味しただけでした。1946年、友人のバグリーの死後、彼は『学校と社会 (*School and Society*)』誌の編集を引き受けました (1946-1953)。1947年から1948年には、彼はマンチェスター大学の最初のサイモン・リサーチ・フェローに、1947年から1949年には *Universities Quarterly* 誌の編集者になりました。そして1948年に、彼はマンチェスター大学でアメリカ研究の最初の教授に任命されました。彼はその職で卓越した業績を残したので、2年後の引退時に名誉教授の称号を受けました。彼は1947年から1961年の間に5冊の主要な本を出版しました。実際、彼の驚くべき生産性は彼の最後の年まで衰えることなく続きました。1965年6月14日の彼の死は、西洋教育史における最も波乱に富んだ一期間に及ぶ、長くて豊かで輝かしい経歴を終わらせました。

III

　カンデルは、全部で約40冊の本、モノグラフ、レポートを執筆または共同執筆し、さらに40冊を編集し、300を超える論文とレビューを書きました。そのような学術研究の集積において繰り返しと重複の必然的な尺度を認めたとしても、彼の業績は驚くべきものです。

　カンデルは、3つの分野——比較教育学、教育史、教育哲学——に多大な貢献をしたと言えると思いますが、そのような分類は常に少し不安を感じさせます。私は、彼自身の著作の定義を「政治的および社会的理論と教育との関係の研究——教育の他の側面が従属す

る関係」とするのが適切であると考えています[2]。根本的に、彼は教育を政治の一分野と見なし、プラトン（Plato）とアリストテレス（Aristotle）がそれを使用したように、その用語を使用しました。したがって彼は、教育を一連の教育学的技術と手順としてではなく、それ自体の保存と進歩のために国家に組織された人類の最も重要な活動として扱いました。彼は、「教育制度の性格は、それが奉仕するグループまたは国の政治によって決定されるというのが公理である。すべての国は、それが望む教育制度を持っている[3]」と書いています。彼は、ギリシャの都市国家の下での古代教育から教会の下での中世教育、そして幾つかの国民国家の下での現代教育まで、西洋教育の歴史全体を理解するために政治的側面が重要であると考えました。確かに、彼はかつて、その歴史のカプセル状のスケッチは、2つの相反する目的——政治的タイプの再現と政治的タイプを超えた成長——の間の対立について書き込むことができると提案しました。彼自身の時代に、彼は後者の目的の拒絶が全体主義社会の本質への鍵であると考えました。

　当然のことながら、彼の著作は20世紀初頭の社会科学の特徴的な制度主義（institutionalism）によって特徴づけられました。すなわち、すべての意図と目的のために、カンデルの教育は学校教育を意味しました。それでも彼は、学校教育を広く見ていました。そして彼は、文化の意味、カリキュラム作成の政治、国民性の形成、エリートの訓練、教師の地位および卑屈と……自由の育成などの問題に夢中になっていることがわかります。彼は、2つの世界大戦の期間中にアメリカの教育学者たちの多くに浸透した無批判な排外主義の罪を犯したことはなく、彼は帰化した市民でありましたが、アメリカの公立学校が教育史の集大成であると主張した最後の人でした。彼は単に彼の時代における優れた面だけに目を向けました。——そして、彼の同時代のほとんどの人々と同じく、彼が世界を西洋的な世界

──つまり、「教育に関する限り、同様に広い範囲の問題に対して
さまざまなタイプの解決策が試みられているある種の実験室」──
として見ることを認めさせました。彼の事業は、これらのさまざま
な解決策（solutions）を可能な限り体系的かつ根本的に研究するこ
とでした。

　カンデルの歴史的関心は本質的に彼の政治的関心事の延長でした。
同時代の人々と同じように、彼は実用主義者の歴史（instrumentalist
history）を書き、主に現在との関係という観点から過去を解釈しま
した。もしわれわれが適切な例として彼の中等教育の歴史を見ると
──それは、彼の歴史的著作の中で最もよく知られていることは確
かです──、彼の述べた目的は、1920年代にヨーロッパとアメリカ
で広範な教育不安に導いた要因の発展を追跡することでした。彼は
序文でつぎのように指摘しました。

　　　「中等教育の範囲、何を教えるか、文化の意味、そしてリベラ
　　ル教育の問題は、中等教育の歴史における新しい現象ではない。
　　もちろん、中心的な伝統は文学的性格でしたが、他の考慮事項
　　──さまざまな社会階級の必要性、社会的および経済的条件の
　　変化の要求、および入学のための新しい知識の主張──は、常
　　にこの伝統と矛盾しています。」[4]

現代の紛争を最優先に考えて、彼はごく自然に最近の傾向を強調し、
彼の著作の約3分の1を古代ギリシャから啓蒙時代まで、残りの3
分の2を現代に捧げました。私自身、カンデルの著作の初期の部分
の中に最も独創性の低いものを見つけました。それらは本質的に派
生的であり、「問題アプローチ」の通常のすべての困難に苦しんで
います。この場合、啓蒙以前の期間に「中等教育」と呼ぶものを決
定する最初の問題があります。それでも、後者の部分が非常に貴重
であることは否定できません。国民性を形成する上での教育の役割

についてのカンデルの最も鋭い議論の幾つかを具体化しています。

　カンデルは自分自身をヒューマニスト、時には本質主義者と呼びましたが、彼の哲学的な著作はいかなる観点からも体系的な説明ではありませんでした。むしろ、それらは現代の教育政策の不幸な傾向として彼に現れたものに対する刺激的な批判の形をとりました。進歩主義への彼の激しい攻撃を思い出す人々には奇妙に思われるかもしれませんが、カンデルは彼自身が教育の見通しにおいて改革派でした。彼はヒューマニストの伝統を更新する必要性について多くのことを書き、実際、その方向でのデューイの努力を賞賛しました。彼は「時代の終わり」でつぎのように述べました。

　　「新しい社会的および文化的条件の課題に対応するために、再調整を行ったり、改革を実施したりすることは、その歴史を通じて常に教育の特徴でした。時々、教育者は、特定の自己満足のルーチンと形式主義から覚醒し、時代に追いつき、現在『文化的遅れ』と呼ばれているものを克服するための努力をしなければなりません。」[5)]

しかし、彼は改革と革命の間に大きな違いを見出し、進歩主義教育（progressive education）が革命運動（revolutionary movement）になったことを確信しました。彼はつぎのように書いています。

　　「過去に進歩的な教育改革がありました。しかし、意味と理解を強調するという仕事を超えようとしたことはかつてありませんでした。新しい科目（現代語と科学）がカリキュラムに追加されたとしても、過去は現在と完全に無関係であるとは見なされていませんでした。教育理論家は、過去20年間ほど粘り強く、過去を完全に打ち破り、現在に集中し、未来に目を向けることを求めたことはありません。教育の伝統はある程度の確実性や

社会的安定の受容に基づいていましたが、今日の教育は不確実性と将来の不安定さから始まり、安定を永続させないように現在に集中することの妥当性を否定します。そして、未知の未来のために現在の社会を再構築するでしょう。[6]」

　カンデルが激しく抗議したのは、変化すること自体に対してではなくて、むしろそのような急進的な——いま思えば、私も反自由主義的であったと考える——変化、例えば、「あらかじめきちんと配列された主題」をあっさりと放棄すること、すべての価値観の相対性を声高に主張すること、子どもの「抱くニーズ」を非現実的なまでに過大評価すること、文化的遺産を完全に拒絶すること、そして教育学的手法としての教え込み（indoctorination）を意識的に取り入れることでした。彼の攻撃は、「不思議の国のアリス（Alice in Cloud-Cuckoo-Land）」（1933）の痛烈な嘲笑から『不確実性の崇拝（*The Cult of Uncertainty*)』（1943）のより正式な分析に至るまで、惜しみないものでした。そして、それらは彼に進歩主義者の世代の憎しみをもたらしました。しかし、彼は人生を人気コンテストと間違えたことはありませんでした。彼は1930年代に、彼の見解が時代遅れであったけれども、彼の批判を和らげることを拒否し、1950年代に再び流行に戻ったとき、彼は誇張することを拒否しました。彼は、教育は政治に、そして学問は政策に順応するべきであると信じていました。しかし彼は、学者と政治家の違いを決して忘れませんでした。そして最新の分析で彼が記憶されるのは、学者としてであります。

                                    IV

　「私たちはすべて共和党員であり、私たちはすべて連邦主義者です」と、ジェファーソンは、アメリカの歴史の中で最も激しい選挙

戦の後、彼の就任演説で宣言しました。もちろん、彼の言葉は国民の傷を包む努力を表しています。しかし、それを超えて、彼の言葉は戦いの煙が消えた後の意見の集まり、すなわち、極端な主張は実際にはめったに実行可能ではないという認識を反映していました。同様に、1965年には、「私たちはすべて進歩主義者であり——、私たちはすべて本質主義者です」と言うことができます。1930年代の大恐慌が非常に遠いように見える社会では、そもそもそれらの激しい教育的戦いが何であったのか疑問に思う贅沢さえあります。

　ロバート・G. テンプルトン（Robert G. Templeton）は、カンデルの教育理論の最近の研究について、カンデルが、特定の伝統的な価値観と真実に傾倒していることと、それらの価値観と真実がアメリカ人の経験に基づいた再定義が必要であるとする彼の認識との間には、カンデルの考えの深刻な矛盾があると述べています。しかし、テンプルトンは、この矛盾こそ、カンデルが新しいものや斬新なものを既に検証されてきた価値観や理想の背景に照して評価し批判することを可能にしたのであり、積極的な機能を果たした、と指摘しています。テンプルトンはつぎのように述べています。

　「カンデルのような哲学者は、現在の最高のものを未来の観点から過去に関連付けるという難しい責任を負い、速いペースの興奮を注意と研究の精神で和らげるという難しい責任を負うことがよくあります。彼らは長所と短所を定義します。彼らは思考や行動において超保守主義と破壊的な急進主義の両極の間の道を進むので、しばしば反動主義者と呼ばれます。しかし、もし文明の進歩が保証されるべきであるならば、また、アイデアの領域で伝達者や統合する人に恩義を受けているのであるならば、これらの思想家は常に必要です。」[7)]

　私には、テンプルトンのコメントはカンデルの貢献の基本的な評価の鍵を握っているように思われます。カンデルの死後数週間で彼の著書や論文を読み直したとき、1965年の教育学の世界——つまり、かつてボード（Bode）がその卓越性と呼んだものを拒絶しながら、進歩的な改革の最良のものを受け入れ、現在は進歩主義を超えようとしている世界——との説得力のある関連性ほど、私を強く驚かせたものはありませんでした。今日の教育指導者はおそらくカンデルの著作を読んでいません。それどころか、彼らの中には、カンデルの著作をまったく読んでいないことに誇りを持っている人さえいます。しかし、もし彼らがカンデルの著作類を読んだなら——読めば必ず彼らが得るものがあるはずですが——、彼らは自分の主張を支え自分の発想の源となるものを、カンデルの著作の中に見つけることができるでしょう。さらにそれを超えて、もし彼らが少し立ち止まって思案してみたならば、カンデルが彼の学問、知恵、そして自らの勇気で教育者たちのためにどれだけ道を開いたかを認識するだろう、と私は思っています。

注

1 ）　カンデルの生涯の事実に関する私の主な情報源は、カンデルの70歳の誕生日を記念するウィリアム・W. ブリックマン（William W. Brickman）の素晴らしく愛情深い「小さな記念論文集」（「I. L. カンデル——国際的な学者および教育者——［I. L. Kandel: International Scholar and Educator］）である。*Educational Forum*, XV（1950-51）, pp. 389-441

2 ）　*The American Scholar*, VIII（1939）, p. 126.

3 ）　I. L. Kandel, "The End of an Era," *Educational Yearbook of the International Institute of Teachers College, Columbia University,* 1941（New York: Bureau of Publications, Teachers College, Columbia University, 1941）, p. 4.

4） I. L. Kandel, *History of Secondary Education* (Boston: Houghton Mifflin Co., 1930), p. ix.

5） I. L. Kandel, "The End of an Era," p. 29.

6） *Ibid.*, p. 30.

7） Robert G. Templeton, "Isaac L. Kandel's Contributions to the Theory of American Education" (Unpublished Ed. D. thesis, Harvard University, 1956), p. 338.

主要著作一覧（時代順）

カンデルの最も重要な著書は、①『中等教育の歴史（*History of Secondary Education*）』（1930）、②『比較教育学（*Comparative Education*）』（1933）、③『不確実性の崇拝（*The Cult of Uncertainty*）』（1943）、④『教育の新時代（*The New Era in Education*）』（1955）、および⑤『20世紀のアメリカの教育（*American Education in the Twentieth Century*）』（1957）である。1953年までの彼の著作の大部分は、ロバート・G. テンプルトンの「アイザック・L. カンデルのアメリカ教育理論への貢献（Isaac L. Kandel's Contributions to the Theory of American Education）」（未発表の Ed. D. 論文、ハーバード大学、1956年）の著書目録に含まれている。

＊訳者註：カンデルの最高傑作は、922頁の大著②ではないかと考えている。④は、『変革期の教育――比較教育学的考察――』（清水義弘・河野重男共訳、平凡社、1959年、373頁）として翻訳されている。

1954年から1965年までの彼の主な著作は以下のとおりである。

1954

"'Drop-outs' in American Secondary Schools," *Journal of Education* (London), LXXXVI (May, 1954), p. 226, p. 228.

Review of Walter Crosby Eells, *Communism in Education in Asia, Africa, and the Far East, in Saturday Review,* XXXVII (September 11, 1954), p. 35.

"Textbooks and Revolutions," *Educational Forum*, XVIII (January 1954), pp. 133-139.

1955

"The American System of Education," in Sir John Sargent, ed., *Education and Society : Some Studies of Education Systems in Europe and America* (London: The Batchworth Press, 1955), pp. 9-44.

"National and International Aspects of Education," *International Review of Education*, I (1955), pp. 5-17.

The New Era in Education : A Comparative Study (Boston: Houghton Mifflin Co., 1955).

"Scholarship and Research," *Educational Forum*, XIX (March, 1955), pp. 271-274.

"The Study of Comparative Education," *Educational Forum*, XX (November, 1955), pp. 5-15.

1956

"Elite or Leaders ?" *School and Society*, LXXXIII (March 31, 1956), pp. 111-113.

"Philosophy of Education," *Harvard Educational Review*, XXVI (Spring, 1956), pp. 134-136.

"Problems of Comparative Education," *International Review of Education*, II (1956), pp. 1-15.

"Some Unsolved Issues in American Education," *Educational Forum*, XX (March, 1956), pp. 269-278.

"The Soviet Challenge and Secondary Education in the United States," *Educational Forum*, XXI (November, 1956), pp. 27-37.

1957

American Education in the Twentieth Century (Cambridge, Mass.: Harvard University Press, 1957).

"Equalizing Educational Opportunities and Its Problems," *International Review of Education*, III (1957), pp. 1-12.

"Nationalism," in George Z. F. Bereday and Joseph A. Lauwerys, eds., *Education and Philosophy*, The Year Book of Education, 1957 (Yonkers-on-Hudson, N. Y.: World Book Co., 1957), pp. 130-142.

"Nationalism and Internationalism in Education," *Harvard Educational Review,* XXVII (Spring, 1957), pp. 75-84.

1958

"The Administration of Education in England and Wales," *Current History,* XXXV (September, 1958), pp. 134-139.

"A Controversy Ended," *Educational Forum,* XXII (January, 1958), pp. 175-181.

"Education and Statesmanship," *International Review of Education,* IV (1958), pp. 1-16.

"Education — 3. Compulsory Education," *The Encyclopedia Americana* (New York: Americana Corp., 1958).

"Education — 5. Theories of Education," *The Encyclopedia Americana* (New York: Americana Corp., 1958-).

"Educational Theory and Curriculum Development in the United States," in George Z. F. Bereday and Joseph A. Lauwerys, eds., *The Secondary School Curriculum, The Year Book of Education,* 1958 (Yonkers-on-Hudson, N. Y.: World Book Co., 1958), pp. 460-466.

"History of the Secondary School Curriculum," in George Z. F. Bereday and Joseph A. Lauwerys, eds., *The Secondary School Curriculum, The Year Book of Education,* 1958 (Yonkers-on-Hudson, N. Y.: World Book Co., 1958), pp. 36-53.

"Philosophical Theories of American Education," in George Z. F. Bereday and Luigi Volpicelli, eds., *Public Education in America* (New York: Harper & Brothers, 1958), pp. 18-34.

"Some Educational Paradoxes," *Educational Forum,* XXII (March, 1958), pp. 261-272.

1959

"Current Issues in Expanding Secondary Education," *International Review of Education,* V (1959), pp. 155-165.

"Higher Education, Methods" (in Hebrew), *Educational Encyclopedia :*

Thesaurus of Jewish and General Education, Vol. II: Ways of Education (Jerusalem: The Ministry of Education and Culture and The Bialik Institute, 1959), cols. pp. 345-348.

"The Historical Background of Higher Education in the United States," in George Z. F. Bereday and Joseph A. Lauwerys, eds., *Higher Education*, The Year Book of Education, 1959 (Yonkers-on-Hudson, N. Y.: World Book Co., 1959), pp. 108-121.

"The Methodology of Comparative Education," *International Review of Education*, V (1959), pp. 270-280.

"No Humble Posts," *Educational Horizons*, XXXVIII (Winter, 1959), pp. 114-118.

1960

Review of C. P. Snow, The Two Cultures and the Scientific Revolution, in *Educational Forum*, XXW (May, 1960), pp. 486-488.

"Revival of American Education," *Educational Forum*, XXIV (March, 1960), pp. 271-278.

1961

"The British Model: Government and Education," *Current History*, XL (June, 1961), pp. 340-345.

"Character Formation: A Historical Perspective," *Educational Forum*, XXV (March, 1961), pp. 307-316.

"Comparative Education" (in Hebrew), *Educational Encyclopedia : Thesaurus of Jewish and General Education*, Vol. I: *Principles of Education* (Jerusalem: The Ministry of Education and Culture and The Bialik Institute, 1961), cols. pp. 606-613.

"Comparative Education and Underdeveloped Countries: A New Dimension," *Comparative Education Review*, IV (February, 1961), pp. 130-135.

"Contemporary Education" (in Hebrew), *Educational Encyclopedia : Thesaurus of Jewish and General Education*, Vol. I: *Principles of Education* (Jerusalem: The Ministry of Education and Culture and The Bialik Institute, 1961), cols. pp. 933-949.

"Education for International Understanding" (in Hebrew), *Educational Encyclopedia : Thesaurus of Jewish and General Education,* Vol. I: *Principles of Education* (Jerusalem: The Ministry of Education and Culture and The Bialik Institute, 1961), cols. pp. 446-450.

"Higher Education, Principles" (in Hebrew), *Educational Encyclopedia : Thesaurus of Jewish and General Education,* Vol. I: *Principles of Education* (Jerusalem: The Ministry of Education and Culture and The Bialik Institute, 1961), cols. pp. 270-286.

"Looking After Talented and Gifted Children," in George Z. F. Bereday and Joseph A. Lauwerys, eds., *Concepts of Excellence in Education,* The Year Book of Education, 1961 (New York: Harcourt, Brace & World, 1961), pp. 189-198.

"A New Addition to Comparative Methodology," *Comparative Education Review,* V (June, 1961), pp. 4-6.

Review of Robert Ulich, The Education of Nations, in *Comparative Education Review,* V (June, 1961), pp. 73-74.

William Chandler Bagley: *Stalwart Educator* (New York: Bureau of Publications, Teachers College, Columbia University, 1961).

1962

Hacia una profesion docente (Santiago de Chile: Editorial Universitaria, 1962).

"Principles of Educational Administration," in R. G. Macmillan, P. D. Hey, and J. W. Macquarrie, eds., *Education and Our Expanding Horizons* (Pieter-maritzburg, South Africa: University of Natal Press, 1962), pp. 134-143.

Review of Friedrich Schneider, Vergleichende Erziehungswissenschaft, in Inter national Review of Education, VIII (1962), pp. 115-117.

1963

Review of Franz Hilker, *Vergleichende Pddagogik ; Eine Einfiihrung in Hire Geschichte, Theorie und Praxis,* in *Comparative Education Re-*

view, VI (February, 1963), pp. 243-245.

Review of Philip H. Phenix, *Education and the Common Good,* in *Educational Forum,* XXVII (March, 1963), pp. 373-374.

Review of Rush Welter, *Popular Education and Democratic Thought in America,* in *Political Science Quarterly,* LXXVIII (December, 1963), pp. 599-601.

1965

"The Demand for Education as a Political Need," in George Z. F. Bereday and Joseph A. Lauwerys, eds., *The Education Explosion,* The World Year Book of Education, 1965 (New York: Harcourt, Brace & World, 1965), pp. 34-47.

1966年：全米教育アカデミー

訳 者 解 説

1

　本訳は、ホーレス・マン講義シリーズの 1 冊、コロンビア大学ティーチャーズ・カレッジのフレデリック・A. P. バーナード教育学教授（Frederick A. P. Barnard Professor of Education）ローレンス・A. クレミン（Lawrence A. Cremin）著の *The Genius of American Education*（University of Pittsburgh Press, 1965）の全訳である。訳書名を『アメリカ教育の真髄』とした。

　付録として、クレミンが学部の先輩教授アイザック・L. カンデルを追悼した「アイザック・L. カンデルの伝記的回想」（Isaac Leon Kandel［1881-1965］: A Biographical Memoir, 1966）を付した。

2

　本書の著者であるクレミンについて簡単に紹介しておこう。64歳の若さで急逝したクレミンは回想録を書いておらず、まだ彼についての伝記もないので、教育学人名事典や追悼文の幾つかを参考にして書いた。しかし、それらの参考文献にも彼の経歴の一部に諸説があり、記述に迷う箇所があったことを前もってお断り

しておきたい。

　彼は1925年10月31日にニューヨーク市に生まれた。公立の名門校タウンゼンド・ハリス・ハイスクール（Townsend Harris High School）を15歳で卒業し、ニューヨーク市立カレッジ（City College of New York, CCNY）に進んだ。CCNY 在学中の1944年からジョージア州ミレッジビルに本拠を置く米陸軍航空隊に19か月間勤務して1945年11月に除隊、CCNY に戻り、1946年に社会科学の学士号を得て卒業した。CCNY では、Phi Beta Kappa（優等生で組織するアメリカ最古の学生友愛会）に選ばれている。同年秋にはコロンビア大学ティーチャーズ・カレッジに入学し、1947年に修士号（M. A.）、1949年に教育史の研究で博士号（Ph. D.）を取得した。

　彼は1949年にティーチャーズ・カレッジの教授団に加わり、教え始めた。1951年には、彼の学位論文が *The American Common School : An Historic Conception* として出版された。1952年から1959年まで、彼は *Teachers College Record* の副編集長および *Classics in Education* シリーズの編集者を務めた（同シリーズは、50巻を越えている）。

　彼は1958年に哲学、社会科学及び教育学科（Division of Philosophy, Social Sciences, and Education）と歴史学部の教授に任命され、後に、それぞれの所属学科の長を経験したが、1974年にティーチャーズ・カレッジの学長（president）に選ばれ、以後1984年まで10年間、その職務を務めた。

　この間の1961年に、彼はフレデリック・A. P. バーナード教育学教授の座を与えられた。学長退任後は、再び教授職に戻って研究を続け、アメリカ教育史三部作（後述）の最終巻も完成させたが、およそ2年後の1990年9月6日、大学への出勤途中に心臓発作に見舞われ、ニューヨーク市の病院で亡くなった。

3

つぎに、彼の著作を年代順に掲載する（上述の記述と重複するところがあるが、許されたい）。

① *The American Common School : An Historic Conception,* 1951.

② *The Transformation of the School : Progressivism in American Education, 1976-1957,* 1961,

③ *The Genius of American Education,* 1965.（本書）

④ *The Wonderful World of Ellwood Patterson Cubberley,* 1965.（中谷彪・岡田愛訳『アメリカ教育史考──E. P. カバリー教育史の評価──』晃洋書房、2005年）

⑤ *American Education : The Colonial Experience, 1607-1783,* 1970.

⑥ *Public Education,* 1976.

⑦ *Traditions of American Education,* 1977.

⑧ *American Education : The National Experience, 1783-1876,* 1980.

⑨ *American Education : The Metropolitan Experience, 1876-1980,* 1988.

　　（⑤、⑧、⑨が、彼のアメリカ教育史三部作である。）

⑩ *Popular Education and Its Discontents,* 1990.

共著には、以下のものがある。

⑪ *A History of Education in American Culture*（R. Freeman Butts との共著），1953.（渡部晶ほか訳『アメリカ教育文化史』学芸図書、

1977年）

⑫ *Public Schools in Our Democracy*（Merle Borrowman との共著），1956.

編著は、以下の1冊である。

⑬ *The Republic and the School : Horace Mann on the Education of Free Men,* 1957.

4

　クレミン教授の主な研究上の受賞と学界活動について記しておこう。

　彼は1957-1958年に、アメリカ教育史の研究でゲッゲンハイム・フェロー（Guggenheim Fellowship）を得ている。教育史学者として彼の名前を有名にしたのは、合衆国における進歩主義教育の歴史を扱った著書②であり、同書で彼は、1962年に、アメリカ史におけるバンクロフト賞（Bancroft Prize）を受賞している。

　また彼は、教育研究に対する功績で、1969年にアメリカ教育学会賞（1969 Award of the American Educational Research Association）を受け、著書⑧で、1981年度の歴史部門のピューリッツア賞（Pulitzer Prize）を受賞している。その他の受賞については、多くて省略せざるを得ない。

　学会の活動と役職としては、1959年に教育史（History of Education Society）の会長、1961年には、全国教育大学教授学会（National Society of College Teachers of Education）の会長、1970年には全国教育アカデミー（National Academy of Education）の会長を務めた。

　社会的研究活動としては、高等行動科学研究センター（Center for Advanced Study in the Behavioral Sciences）の研究員（1964-1984）及び

理事（1984-1987）、カーネギー高等教育財団（Carnegie Found-ation for the Advancement of Teaching）の理事、アメリカ合衆国教育局カリキュラム改造審査委員団（U. S. Office of Education Curriculum Improvement Panel）の議長、カーネギー教育学者教育委員会（Carnegie Commission on Education of Educators）の議長を歴任している。

　彼は全国教育アカデミー（National Academy of Education）の創設者の１人であり、その会長も務め、全国教育カレッジ教授学会（National Society of College Teachers of Education）の会長、教育社会史学会（History of Education Society）の会長、スペンサー財団（Spenser Foundation）の会長も歴任している。

5

　本訳書の内容については、賢明なる読者の判断にお任せすべきであると考えるが、訳者としても、若干の解説を加えて、参考に付したいと考える。

　本書に収めたクレミンの３つの論稿は、彼自身が本書67頁の注１）に書いているように、ハーバード大学行動科学高等研究センターに滞在中の1964年の夏から秋にかけて執筆したものである。第１章「民衆教育への約束」、第２章「民衆教育と民衆文化」、第３章「民衆教育の政治学」という題名が示しているように、民衆教育の歴史的発展と今日的課題を論じたものであるが、その考察対象は広範囲に及びその記述の一字一句が重い問題提起を投げかけている。それを簡潔に解説することは至難の業である。そのことを承知しながら、以下、独断偏向を覚悟で論じていくことを許されたい。

　本書の構成を簡潔に示せば、トマス・ジェファーソンの教育思想がホーレス・マンによって発展的に継承され、さらにジョン・デューイの教育理論によって深化されてきたという歴史の流れを縦

軸に、その時々の広い意味での時代的社会的教育事象を横軸に論じたものであると言えよう。

　第1章では、多様な教育作用の中の民衆教育であるが、その教育の中で学校教育の位置と意義を論じ、その教育の目的は、成長を通して人間の価値と尊厳を実現することであると主張している。

　第2章では、アメリカの教育の歴史は、ジェファーソン、マン、デューイへと継承されてきた教育思想を実現しようとする歴史であると捉え、民衆教育を、彼らが構想した知識を人間化し大衆化するコモンスクールの教育に昇華させていかなければならないという。

　第3章では、人生の目的である幸福の実現のための教育と政治の在り方を論じている。ジェファーソンの政治哲学によれば、人生の目的はすべての人々の幸福の実現であり、教育と政治の共通する目的はその幸福を確保し増進することである。そのための政治と行政はどうあるべきか、よい教育を提供するためにはよい教師の存在が必須であると述べる。前者では、教育行政の中央集権と地方分権の在り方が、後者では、力量ある教員を養成する教育学部・専門教育学部（教育大学院）の在り方を論じている。

　直面する課題と解決すべき問題は多岐且つ多数であるが、クレミンは最後の節で、アメリカ人は民衆教育に対する信仰と人間の合理性とを信頼することができる、と書いている。

　　「アメリカの経験を回顧する時、民衆教育の力に対する市民の無限の信仰に勝るものはない。それは共和国を創設した世代によって広く共有された信仰であった。……特に教育はずっとアメリカ人の社会進歩と社会改革の手段であった。」

　　「人間の合理性は、結局、人間の経験を理解したり処理したりする最善の手段となる。」

「われわれが希望を持ちつづけることができるのは、人間は過去において学んだよりも、将来においてより一層知的に自分たちの問題に敢然と立ち向うことを学ぶであろう……からである。」

それは、「われわれは、もしわれわれがただ科学や知性の方法に忠実であるならば、万事がうまくいくであろう」というデューイの楽天主義にも通ずるものである。

ともあれ、私たちは、この小書を精読することによって"アメリカ教育の真髄"を学ぶことができるのではないかと考える。

　　　　　　　　　　　　　訳　　　者

訳者あとがき

　私たちにとって、クレミンの翻訳書の出版は、2冊目である。先の1冊は、彼の *The Wonderful World of Ellwood Patterson Cubberley* (1965) の『アメリカ教育史考──E. P. カバリー教育史の評価──』（晃洋書房、2005年）への翻訳であった。

　本書の訳稿も、その当時、ほぼ素訳を終えていたのであるが、眠ったままであった。今回、機会を得て、再度、完成を期して素訳の推敲に取り掛かった。作業を進めてみると、私たちのアメリカ教育についての知識が貧弱であったのか、添削箇所がずいぶん多数になり、ほぼ全面的な改訳となった。訳語に迷ったり、訳し切れなかったりした語句もあった。他に、思わぬミスを犯しているかも知れない。今となっては、賢明なる読者からのご指摘やご意見をいただき、今後の改善の糧とさせていただきたい。

　付録にクレミンによるアイザック・L. カンデルの回想文を収録できたことは、幸運であった。比較教育学の泰斗の一面を論じていて、参考になると考えた次第である。

　最後になったが、出版事情困難な時期にもかかわらず、出版を快諾された晃洋書房萩原淳平社長、編集でお世話になった丸井清泰氏、校正の労をとってくださった佐藤朱氏に、心からお礼を申し上げたい。

　2021年4月22日

中谷　彪・岡田　愛

人名索引

事 項 索 引

《訳者略歴》

中谷　彪 (Nakatani Kaoru)

　　1943年　大阪府に生まれる
　　1972年　東京大学大学院教育学研究科博士課程単位取得退学
　　1988〜9年　アメリカ・トリニティー大学・文部省在外研究員
　　専　攻　教育学・教育行政学
　　職　歴　大阪教育大学講師、助教授、教授、学長を経て退官
　　現　在　大阪教育大学名誉教授、博士（文学・大阪市立大学）

　主要著・訳書

　『現代に生きる塩尻公明と木村久夫』、『戦没学徒　木村久夫の遺書』（以上、アジア・ユーラシア総合研究所）、『塩尻公明』（大学教育出版）、『1930年代アメリカ教育行政学研究』（晃洋書房）、J. H. ニューロン『社会政策と教育行政』、同『デモクラシーのための教育』（以上、明治図書出版）ほか。

岡田　愛 (Okada Ai)

　　1969年　東京都に生まれる
　　2000年　東京大学大学院教育学研究科博士課程単位取得退学
　　専　攻　教育行政学
　　現　在　立正大学仏教学部准教授・教育行政学、修士（教育学）

　主要著・訳書

　共編著『教育と教職のフロンティア』、共編『ポケット教育小六法』（以上、晃洋書房）、共著（分担執筆）『教育と福祉の基本問題』『保育者・教師のフロンティア』『学校教育のフロンティア』（以上、晃洋書房）、『新版　現代の教育を考える』（北樹出版）ほか。

　　なお、中谷・岡田の共訳書に、R. E. キャラハン『教育と能率の崇拝』（教育開発研究所）、同『アメリカの教育委員会と教育長』、L. A. クレミン『アメリカ教育史考』、F. W. テイラー『科学的管理法の諸原理』（以上、晃洋書房）がある。

アメリカ教育の真髄

2021年9月30日　初版第1刷発行　　＊定価はカバーに
　　　　　　　　　　　　　　　　　表示してあります

　　　　　　　　　著　者　　ローレンス・A. クレミン

　　　　　　　　　訳　者　　中　谷　　彪
　　　　　　　　　　　　　　岡　田　　愛

　　　　　　　　　発行者　　萩　原　淳　平

　　発行所　株式会社　晃　洋　書　房
　　〒615-0026　京都市右京区西院北矢掛町7番地
　　　　　　　　電話　075 (312) 0788番代
　　　　　　　　振替口座　01040-6-32280

　装丁　野田和浩　　　印刷・製本　共同印刷工業㈱
　　　　　　ISBN978-4-7710-3529-4

伊藤良高・岡田　愛・荒井英治郎 編　　　A 5 判　154頁
教育と教職のフロンティア　　　定価 1,870円（税込）

伊藤良高・大津尚志・橋本一雄・荒井英治郎 編　　A 5 判　144頁
新版 教育と法のフロンティア　　　定価 1,650円（税込）

伊藤良高 著　　　A 5 判　164頁
増補版 幼児教育行政学　　　定価 1,870円（税込）

伊藤良高 編著　　　A 5 判　292頁
教育と福祉の基本問題　　　定価 3,300円（税込）
──人間と社会の明日を展望する──

佐野安仁・荒木紀幸 編著　　　A 5 判　266頁
第4版 道徳教育の視点　　　定価 2,750円（税込）

石村卓也・伊藤朋子 著　　　A 5 判　222頁
教育の見方・考え方　　　定価 2,970円（税込）
──教育の思想・歴史──

相馬伸一 著　　　A 5 判　160頁
オンライン教育熟議 オン・コメニウス　　　定価 2,090円（税込）

丹松美恵子・丹松美代志 著　　　A 5 判　242頁
教えるから学ぶへ　　　定価 2,970円（税込）
──協同的学びとの出会い──

════════ 晃 洋 書 房 ════════